이재명의
외로운 전쟁

조선일보와 검찰의 이재명 죽이기 800일

이재명의
외로운
전쟁

전 민주당 선대위 대변인
민병선 지음

민들레북
BOOK

이 책은 저자 민병선의 기록이자

지난 대선을 파헤친 역사의 기록이다.

'사회의 공기'로서 언론이 자신의 역할을 제대로 감당하는지

살피는 것은 시대를 파악하는 중요한 잣대이다.

저자는 날카로운 분석으로 지난 대선 과정과

언론의 문제를 낱낱이 파헤친다.

이 책이 우리 언론과 민주주의의 진일보에 한 획을 긋는

생생한 기록이 되기를 기대한다.

더불어민주당 대표 이 재 명

새벽 공기가 썩은 듯 텁텁하다. 여의도 민주당사를 지나가는 이들은 말이 없었다. 우리에게 다가올 미래를 암시하는 듯 뿌연 안개가 섬을 채웠다. 이재명 후보 당선 축하를 위해 준비된 무대를 철거하는 소리가 정적을 깼다. 한 블록 넘어 국민의힘 당사 앞은 잔치 마당이었다.

밤을 새고 집에 오니 막내가 생일 선물을 안겨줬다. "어디 가서 기죽지 말라"는 축하 인사를 건네며⋯⋯. 학창 시절 이후 처음 차보는 4만 5천 원짜리 카시오 손목시계. 시계를 보며 생각했다. '앞으로 5년 뒤이겠구나.'

20대 대선이 치러진 다음 날인 2021년 3월 10일의 풍경이다.

내게 대선 패배 기억은 쓰다. 이재명 후보를 지지했던 많은 유권자도 쓴 맛을 느꼈다. 혀끝에 맴도는 패배의 맛이 조금 희미해질 무렵, 누군가가 제안했다.

"우리가 왜 진 것인가 알아야 하지 않은가?"

이 책은 패배의 원인을 밝혀보자는 목적에서 시작됐다. 이재명 낙선의 이유가 합당한지도 분석한다. 어떤 거대한 구조에 의해 이재명이 진 것은 아닌가? 낙선에 영향을 미친 부당한 요소는 없었는가?

이재명의 패배에서 내가 주목하는 부분은 대장동 의혹이다. 대장동은 폭발력이 강했다. 대장동 문제가 불거지자 유권자는 문재인 정부의 부동산 정책 실패를 떠올리며 분노했다. 어렴풋하게 알고 있던 토건 비리의 맨얼굴을 보게 됐다. 부도덕한 법조 엘리트와 토건업자들이 비리에 관여해 수천억 원을 손쉽게 벌었다는 보도에 경악했다. 원망은 고스란히 이재명에게 투사됐다. 이재명은 대장동 개발사업에서 5천억 원이 넘는 공익 환수를 이루고도 비난받고 있다. 5,503억 원 환수는 대법원이 인정한 액수다.

대장동은 현재 진행형이다. 이재명은 대선이 끝난 지 1년 반이 넘도록 관련 수사를 받고 있다. 수없이 진행된 압수수색과 수사에도 대장동과 관련해 부정한 돈을 받았다는 증거가 나오지 않았다. 그러자 검찰은 이재명을 배임죄로 기소했다. 이재명의 앞에는 지난한 재판 과정이 기다리고 있다. 이재명은 지금도 부당한 대장동 의혹 제기와 싸우고 있다. 이 싸움은 언론과 싸움이고 검찰과 싸움이다.

대장동은 '언론-토건세력-기득권의 삼각 카르텔'이 이재명에게 날린 카운터펀치다. 대장동 의혹은 언론이 제기한 이슈다. 언론이 대장동 문제를 제기하고 검찰이 이재명 수사에 나섰다. 언론과 검찰이 어떻게 팀플레이를 했는지를 들여다보면 윤석열 대통령 만들기의 본질이 드러난다.

대장동은 경기 지역의 작은 언론사가 처음 의혹을 제기하고 조선일보가 이슈를 키웠다. 대장동 의혹 제기와 전개 과정을 보면 한국 언론 환경의 문제점이 보인다. 확인되지 않은 사실들을 무차별적으로 보도해 특정인을 거꾸러뜨리는 행태가 대장동 문제에서도 재현됐다. 조국 전 법무부 장관 사태 때도 우리는 이런 문제를 확인한 바 있다.

이재명은 인권변호사로, 시민운동가로, 지방 정부의 수장으로 토건 비리와 싸웠다. 2000년대 초반 나라를 흔든 분당 백궁-정자 지구 불법 용도 변경 비리(일명 분당 파크뷰 불법 분양) 사건이 대표적이다. 정권 실세가 연루됐다고 의심된 토건 비리였다. 당시 성남시민모임을 이끌던 이재명 변호사는 비리를 파헤치고 알렸다. 기자들은 이재명 변호사의 사무실에 들러 취재를 했다.

삼각 카르텔은 이재명에게 '토건 비리의 수괴'라는 올가미를 씌웠다. 기막힌 역공이다. 토건 비리의 저승사자를 비리의 뒤에서 이권을 챙긴 두 얼굴의 아수라백작으로 묘사했다. 영웅을 악당으로 둔갑시킨 잔혹극의 메인 작가는 조선일보다. 조선일보는 민주당 대선 후보 경선이 한창이던 2021년 9월 13일 대장동 의혹을 제기했다. 그러고는 연일 관련 기사를 쏟아냈다. 처음에는 머뭇거리던 보수 신문들이 '받아쓰기'를 시작했다. 방송들도 취재 경쟁에 가세했다. 민주당 내 경쟁자들이 이재명에게 문제를 제기했다. 여야 후보를 통틀어 대선 후보 지지도 1위를 달리던 이재명은 휘청거렸다. 대선 본선에서 대장동은 가장 뜨거운 주제가 됐다. 이재명이 아무리 결백을 주장해도 유권자는 '그래도 뭔가 있겠지'라고 의심했다.

'대장동 의혹=이재명의 비리'라는 프레임의 제기로 '비호감 대선'이란 용어가 등장했다. 기득권은 대선에서 '5급수 정치 만들기' 전략을 썼다. '정치는 원래 더러운 거다. 누가 더 낫고 누가 모자란 것인지 따지는 것은 부질없다. 우리는 정치권에 또 사기 당했다'라고 유권자들은 생각했다. 대선 후보 사이의 변별력이 사라졌다. 윤석열 후보의 장모 관련 비리와 부인 김건희 씨의 주가조작 의혹은 사소한 것이 됐다. 정치판을 5급수로 만드는 데 대장동이 재료로 사용됐다.

대장동 사태에는 우리 언론의 문제점이 고스란히 녹아 있다. 이 문제를 들여다보면 우리 언론 환경의 문제를 알 수 있다. 나는 이 책에서 대선 과정 중 벌어진 대장동 보도를 중심으로 기득권의 음모를 파헤치려 한다. 진보 언론과 관련된 문제도 제기한다. 이재명이 토건 비리와 싸운 행적을 추적했다.

나는 20년 이상을 일간지 기자로 일했다. 신문의 제작과정을 잘 안다. 서울 광화문 네거리 나의 전 직장 동아일보와 조선일보는 길 하나 건너에 자리 잡고 있다. 100년 된 신문사인 두 회사는 편집회의 등 제작 과정이 거의 유사하다. 신문사에서 일한 경험을 바탕으로 조선일보의 대장동 의혹 생산 과정과 전략을 합리적 의심에 따라 유추해본다.

다시 한 번 질문을 던진다. 이재명이 다른 대선 후보에 비해 과도한 공격을 받은 것은 아닌가? 이재명은 과연 이런 비난을 받을 만큼 잘못된 삶을 살아왔는가?

책을 쓰도록 독려해주신 황 교수님께 감사드린다. 게을러지려는 순간마다 채찍질해준 김 형과 이 형, 엄혹한 시국 환경에서도 흔쾌히 책을 내는 데 동의해준 출판사 민들레북의 관계자들께도 고마움을 전한다.

목차

4장 이재명의 빛나는 순간들

1장

진보 언론에게 이재명은 어떤 존재인가?

여의도의 낯선 이름
이재명

나는 진보 언론을 존경한다. 보수적 성향의 매체가 다수인, 편파적인 언론 환경에서 진보 언론들은 중요한 역할을 해왔다. 내가 수습기자로 입사한 한국일보는 중도적 성향이었다. 편집국에는 진보, 보수, 중도 성향의 기자들이 섞여 있었다. 백가쟁명의 목소리가 묘한 하모니를 이룬 편집국 분위기가 인상적이었다. 기자 생활의 후반부를 보낸 동아일보의 정치색은 보수에 가깝다. 중도와 보수 매체에서 근무하던 시절, 나는 한겨레신문, 경향신문 등 진보 성향의 신문에 근무하는 기자들에게 부채 의식이 있었다. 기울어진 운동장인 언론 환경에서 고군분투하는 그들을 높이 평가했다.

하지만 최근 몇 년 사이, 나의 부채 의식은 조금 옅어졌다. 한겨레신문과 경향신문 등이 예전 같지 않다고 느끼기 때문이다.

대선에서 대변인으로서 언론을 상대하는 역할을 맡으면서는 그 매체들에 서운한 생각이 들기도 했다.

이재명은 노무현 전 대통령과 닮은 점이 많다. 그중 하나는 부당한 공격을 당했다고 느끼면 물러서지 않는다는 점이다. 언론에 대해서도 마찬가지이다.

민주당 대선 후보로 확정된 뒤 2021년 11월 10일, 관훈클럽 초청 대선 후보 토론회가 열렸다. 후보 한 명만 참석해 다수 기자들의 질문에 답하는 형식이었다. 토론회라기보다는 사실상 언론의 검증 과정이라고 해야 맞을 것이다.

당시 토론회에는 경향신문, 동아일보, 매일경제, 세계일보, 중앙일보, 한국일보 기자가 패널로 나왔다. 참모 입장에서 보면 껄끄러운 토론회였다. 패널은 보수 쪽이 더 많았다. 중립적인 태도를 보이는, 최소한 부드럽게 질문해줄 패널의 수가 적었다. 통상 진보라고 평가받는 경향신문, 중도인 한국일보가 참가했고 나머지는 보수 성향으로 분류되는 언론사 소속이었다.

경향신문, 한국일보가 조금은 우호적인 분위기를 만들어줄 것이라는 기대는 빗나갔다. 토론회 초반부터 주제는 대장동 의혹이었다. 언론이 몇 달째 대장동을 대서특필했으니 각오는 돼 있었다. 하지만 토론이 시작되고 얼마 지나지 않아 상황은 예상보다 더 심각하게 흘러가기 시작했다.

한국일보 기자는 대장동 의혹과 관련해 '1원이라도 부정한 돈을 받았다면 공직을 사퇴하겠다'고 한 이재명의 발언을 꺼냈다.

그러면서 "(이재명의) 공직선거법 위반 판결에 관여한 권순일 대법관이 화천대유 고문으로 보수를 받았다. 권 전 대법관과 화천대유, 이 후보가 연관됐다면 사퇴하겠다고 약속하겠느냐"라고 물었다. 이에 대해 이재명은 "이런 건 질문이라기보다 공격에 해당될 수 있다"라고 말했다. 순간 토론장의 분위기는 싸늘해졌다.

이어 경향신문 기자는 "질문이 마음에 안 들더라도 패널과 질문에 대한 평가는 신경 써 달라. 국민을 대표해 묻고 있다"라며 날을 세웠다. 이재명의 얼굴은 점점 굳어졌다. 토론회 분위기는 "이쯤 되면 막가자는 거지요"라고 말했던 노무현 대통령과 검사와의 대화를 연상시켰다. 참모 입장에서는 후보가 언론에 좀 부드러운 태도를 보였으면 하는 바람이 있었지만 후보의 성향을 알기에 어쩔 수 없었다. 이재명은 조선일보와 언론들이 무차별적으로 보도한 대장동 의혹이 몹시 부당하다고 느끼고 있었다.

한 달쯤 뒤인 12월 14일, 윤석열 후보 초청 관훈클럽 토론회 분위기는 훨씬 부드러웠다. 이 토론회의 유튜브 영상에는 "기자들이 질문하는 자세나 말투가 엄청 공손하네. (이재명 토론회와) 참 많이 대비됨을 느낀다"라는 댓글이 여럿 달렸다. 윤석열에게도 공격적인 질문이 갔지만 이재명 때보다는 호의적이라고 느낄 만했다.

이재명이 언론에 호의적이라고 말하기는 어렵다. 우리 언론이 공정하지 않으며 스스로가 언론으로부터 피해를 입은 경험이 많다고 느끼기 때문이다. 부당하거나 잘못된 기사가 나오면 대개의 정치인은 언론과 각을 세워 이득 될 것이 없다고 생각해 참고 넘어가지만 이재명은 그렇지 않다. 기사 수정이나 반론보도 요청, 언론중재위원회 제소 등에 적극적이다. 노무현처럼 말이다. 노무현 대통령이 대선 중 조선일보 보도에 대해 "조선일보는 민주당 대선 경선에서 손을 떼라"고 한 것처럼, 이재명도 대장동 의혹 보도에 노무현의 발언을 인용해 반박했다.

이재명의 이런 태도를 좋아할 언론은 없다. 진보 언론도 마찬가지다. 진보 언론이 이재명에게 호의적이지 않은 이유는 여러 가지로 분석할 수 있다.

우선 이재명은 세련되지 못하다. 엘리트들이 왜 이재명을 달갑지 않게 여기는지에 대하여, 그 이유를 이미지 측면에서 연구하는 영화과 교수는 흥미로운 해석을 내놓았다.

이재명에게는 귀족의 이미지가 없다. 문재인, 박근혜, 윤석열처럼, 평범한 사람들과 구별되는 특별한 고급스러움이 이재명에게는 없다. 사람들은 고급스러운, 나와 다른 배경을 가진 정치인에게 끌리는 경향이 있다. 정치적 유산을 상속받았거나, 태생적 배경이 좋거나, 혹은 학력이 좋은 사람에 끌리는 게 일반적이다. 그렇지 않은 정치인은 무시하고 싶어 한다.

진보 언론이 이재명을 좋아하지 않는 다른 이유는 그가 우리 사회의 이너서클에 속하지 않기 때문으로 보인다. 이재명은 서울대 출신도 아니고, 판검사 출신도 아니며, 여의도 정치인도 아니며, 호남 출신도 아니다. 86세대 학생운동 지도부 출신도 아니다. 진보의 이너서클 멤버들과 공통분모가 적다. 기자들과 밥 먹고 술 마시는 이너서클에 있지 않다. 진보 언론 기자들이 주로 만났던 이전 더불어민주당의 핵심들과도 거리가 있다. 이재명은 경기도 성남에서 활동하던 '변두리 변호사'였으며, 국회의원도 한 번 안 하고 경기도지사를 지냈다. 언론에게는 낯선 인물이다.

대선 기간 동안 진보 언론은 이재명에 대한 '불호'를 여러 차례 드러냈다. 캠프에서는 진보 언론조차도 대장동과 관련된 이재명의 반박을 충분히 실어주지 않는다는 불만이 나왔다. 다음은 2022년 1월 26일 경향신문에 실린 〈이재명이 처한 신뢰의 위기〉라는 제목의 칼럼이다.

엊그제 이재명 더불어민주당 대선 후보가 맨바닥 큰절 사과를 했다. "부족함에 대해 사죄드린다"며 반성의 언어가 절절하다. 지지율 급변에 위기감이 그만큼 크다는 것이다.

빼닮은 장면이 있다. 윤석열 국민의힘 대선 후보가 선대위 신년 하례식(1일)에서 "저부터 바꾸겠다"며 큰절을 올렸다. 지지율이 급락, 대놓고 후보교체론까지 거론되는 상황에서 나온 큰절 사과다.

불과 20여 일 새, 사과의 큰절 주인공이 윤석열에서 이재명으로 바뀌었다. 그간 뭔 일이 있었을까. 우선 생활밀착형 작은 공약을 기치로 내건 '소확행 공약'과 '심쿵 약속'의 경쟁이 치열했다. 지금까지 이 후보는 52개의 소확행 공약을, 윤 후보는 20개의 심쿵 약속을 내놨다. 임플란트 건강보험 적용 확대·장년수당·면접 비용

지원, 부모 급여·소득공제 확대·가상자산 과세 유예 등이다. 이름만 가리고 보면 누구 공약인지 가늠할 수 없을 정도로 무차별적이다. 공약을 관통하는 시대정신이나 가치는 찾을 길 없는 오로지 표만을 겨냥한 즉자적 공약인 탓이다. 지지율이 낮은 계층과 세대의 '이익'을 목표 삼은 매표성 공약에 우위를 따질 것도 못 된다. 재미(?)를 본 건 '탈모약 건보 적용'(이재명)과 '병사 급여 200만 원'(윤석열) 정도뿐이다. 간신히 당 내홍을 수습한 윤 후보도 뒤늦게 공약 경쟁을 벌였으나 '여성가족부 폐지' 일곱 줄 공약과 '멸콩' 챌린지만 선명하다. 위험천만한 인식을 고스란히 드러낸 김건희 씨 '7시간 통화' 녹취록이 공개됐고, 무속 의혹이 구체적 실체를 띠고 점회됐다. 충분히 치명적 리스크다.

정상적으로 득실점을 따진다면 이 후보가 타격을 받을 이유는 찾기 어렵다. 한데 박스권에 묶여 있는 이 후보의 지지율은 하락 조짐이고, 윤 후보는 반등하면서 재역전 흐름이다. '발광체 이재명'은 발광 효과를 내지 못한 반면, '반사체 윤석열'은 당 내홍 수습과 '여성가족부 폐지'로 상징되는 반여성주의 캠페인으로 소위 '이대남'의 지지를 회복한 결과다. 위험천만한 인식을 고스란히 드러낸 김건희 씨 7시간 통화 녹취록과 심각한 무속 연루 의혹은 별다른 영향을 미치지 못했다. 민주당으로서는 "최순실보다 더 할 수 있는 김건희 씨 녹취록이 윤석열에 플러스가 되는 황당"(노웅래 의원)한 상황에 직면했다. 기득권 내로남불의 덫에 걸린, 신뢰의 위기에 빠진 민주당과 이 후보가 대척에 있기 때문이다. 반문재인 깃발 외에 경륜, 자질, 비전, 정책 역량 등을 변변히 갖추지 못한 윤 후보와의 경쟁에서 이 후보가 허덕이는 것은 두꺼운

정권교체 여론 때문이기도 하지만 신뢰의 위기에 봉착했기 때문이다. (중략)

두꺼운 정권교체 여론을 상대 후보에 대한 네거티브와 '소확행' 공약으로 넘을 수는 없다. 반성과 성찰의 기조를 유지하면서 원칙 있는 실용주의로 '민주당후보다움'을 되살려내야 한다. 송영길 대표의 불출마 선언 등 민주당의 인적 쇄신은 그 기폭제가 될 수 있다. 불평등, 일자리, 노동, 주거 복지, 저출산과 노후, 공정, 청년들의 불안한 미래 등 문재인 정부의 실패 지점에서 반성과 혁신을 보여주고 이재명의 개혁 청사진을 제시해야 한다. 남북 문제와 외교 정도를 빼고는 문재인 정부와 '다르게' 하겠다는 것, 이 후보의 비전도 거기 어간에 머물러 있다. 문재인 정부와 '다르게'를 놓고 경쟁하면 윤 후보를 당할 수 없다. 이재명 대통령의 미래가 윤석열 대통령의 미래와 어떻게 다르고, 얼마나 더 나은지를 보여주지 못한다면, 이 후보의 이번 큰절 사과와 눈물 호소는 쓰디쓴 추억으로만 남을 것이다.

이 칼럼을 쓴 경향신문의 간부는 이재명이 대선에서 패하고 당대표가 되는 과정과 이후에도 본인이 '반명'임을 드러내는 칼럼을 여러 차례 실었다. 〈지금 이재명 당대표가 최선일까〉〈이재명 사법리스크와 방탄 민주당〉〈이재명 방탄의 개미지옥〉 등이 이후 이 간부가 쓴 칼럼 제목이다. 한 기자가 특정 정치인을 상대로 이렇게 노골적으로 반감을 드러내는 사례도 많지 않을 것이다. 기사와 달리 칼럼에서는 기자의 생각을 드러내는 게 허용

된다. 칼럼을 보면 기자의 성향과 취향을 짐작할 수 있다. 하지만 특정 정치인에 대한 불호가 있어도 숨김없는 감정을 드러내지 않는 것이 정론이 기준이다.

이후에도 경향신문 지면에는 다른 간부가 쓴 〈민주당은 이재명 로펌 말고도 할 일이 많다〉〈이재명의 싸움과 민주당의 싸움은 분리해야 한다〉 같은 제목의 칼럼들이 실렸다. 다음은 〈민주당은 이재명 로펌 말고도 할 일이 많다〉라는 칼럼의 일부다.

(중략) 민주당 지지율 저하의 가장 큰 원인은 이재명 대표 사법 리스크에 있다. 민주당은 검찰 수사로부터 이 대표를 지키는 데 온 힘을 쓰고 있다. 지난 10일 이 대표의 첫 검찰 출석 당시 40여 명의 민주당 의원들이 그를 둘러싸고 엄호했다. 28일 두 번째 출석 때도 이 대표는 "혼자 가겠다"고 했지만 10여 명의 의원들이 현장을 찾았다. 당의 주요 회의는 검찰의 이 대표 수사에 대한 비판의 장이 됐다. 민주당은 그러면서 윤 대통령 배우자 김건희 여사의 도이치모터스 주가조작 의혹 수사도 압박한다. '악은 이토록 거침없이 자신의 길을 가는데 어째서 선은 끊임없이 자신을 증명해야 하는가'(드라마 〈환혼〉)라는 생각인 듯하지만 틀렸다. 시민들이 보기에 이 대표에 대한 검찰 수사는 선과 악의 대결이 아니다. 야당 의원 수십 명이 이 대표를 호위하는 모습은 조폭 영화 〈범죄와의 전쟁〉을 떠오르게 할 뿐이다. YTN의 지난 25일 여론조사에서 이 대표에 대한 검찰 수사는 개인 비리 수사라는 응답이 53%로 야당 탄압용 정치 수사라는 답변 33.8%보다 많았다.

이재명 지키기에 집중하는 민주당은 여권에 '방탄'이란 공격 빌미를 줄 뿐이다. 여당과 정부는 민주당이 뭘 해도 방탄이라고 몰아세운다. 이태원 참사를 비판해도, 대통령과 제1야당 대표의 회담을 제안해도, 법안 심사를 위해 국회를 열자고 해도, 심지어 가스값 폭등에 대한 대책 마련을 촉구해도 이 대표 방탄용이라고 공격한다. 검찰의 편파적 수사와 정부 정책에 대한 비판도, 민생정책 제안도 시민들에게 제대로 전달되지 못한다. 메신저에 대한 불신은 메시지의 신뢰도를 떨어트린다. 그러니 과반 의석을 갖고도 정국에 별 영향력을 미칠 수가 없다.

'방탄 프레임'을 깨지 않는 한 민주당은 제1야당으로서 제 역할을 하기 어렵다. 검찰은 두 차례 조사에 이어 추가 조사까지 요구하며 민주당을 사법 리스크에서 해방시켜줄 마음이 없음을 보여줬다. 이 대표 체포동의안 처리 문제, 기소 시 당무 정지를 규정한 민주당 당헌 80조 적용 문제 등을 두고 사법 리스크는 더욱 커질 것으로 전망된다.

이 대표는 본인의 사법 리스크가 당의 발목을 잡지 않도록 결단해야 한다. YTN 여론조사에서 이 대표는 기소 시 대표직에서 물러나야 한다는 의견은 민주당 지지층에서도 33.4%나 됐다. 제1야당 대표라는 보호막 없이 검찰의 부당한 정치적 수사에 당당하게 맞서 승리한다면 그의 정치적 위상은 한층 높아질 것이다. 게다가 민주당은 '이재명 로펌' 말고도 해야 할 일이 많다.

칼럼 중 '이 대표를 호위하는 모습은 조폭 영화 〈범죄와의 전쟁〉을 떠오르게 할 뿐이다'라는 표현에서 나는 실망하지 않을 수 없었다. 검찰 수사를 받으러 가는 당대표 옆에 선 국회의원들을 조폭에 비유하다니……. 이 칼럼의 필자는 검찰의 수백 차례의 압수수색과 쪼개기 기소를 통한 정적 죽이기 수사에 대한 판단은 배제한 것인가 묻고 싶다. 검찰에 출석하는 당대표에게 의원들이 90도로 허리를 꺾으며 인사한 풍경이라도 있었는가. 조폭이란 비유는 선을 넘었다. 그동안 기울어진 언론 지형에서도 꿋꿋하게 바른 목소리를 냈던 그 언론이 맞는가라는 생각이 들었다.

대선 기간 동안 레거시 진보 매체들은 20대 대선을 '비호감 선거'로 규정하며 양비론과 정치적 허무주의를 표출하는 경우가 많았다. 경향신문의 〈이번 대선은 망했다, 결선투표제라도 도입하자〉라는 제목의 칼럼처럼 비호감 대선 프레임이 부각되면서 민주당의 주요 지지층인 40대가 정치 혐오로 투표장에 나오지 않았다고 생각한다. 그리고 이는 민주당의 패배에 영향을 미쳤을 것이다.

젊은 기자들이 보는
이재명

민주당 대선 후보 경선부터 대선 본선까지 8개월 동안 많은 기자들을 만났다. 이재명을 담당하는 기자들은 대부분 20대 아니면 30대였다. 국회, 정당 등을 담당하는 젊은 정치부 기자들에게 이재명은 '낯선' 사람이다. 여의도에서 자주 만난 정치인이 아니다. 성남시장, 경기도지사였던 이재명을 알 기회가 적을 수밖에 없다.

이재명이 민주당 대선 후보 경선에 나서자 마크맨들은 그에 대해 공부하기 시작했다. 하지만 그에 대한 지식이 충분했다고 말하기 어렵다. 여의도 정치인과 다른 이재명을 이해하려면 성남시장, 경기도지사로서 쌓아온 경력과 더불어 그의 생각을 이해해야 한다. 기본소득, 지역화폐, 기본주택 등의 정책적인 이해가 필요하다.

하지만 단기간에 이런 정책들을 학습하기는 쉽지 않다. 그러니 정책이 강점인 이재명에 대한 이해가 부족한 상태에서 그에 관한 깊이 있는 기사를 기대하기는 어렵다. 정작 일선에서 이재명을 만나고 기사를 쓰는 기자들은 이재명을 주로 정치 공학적인 측면에서 다뤘다. 정치 공학적 기사란 누가 세력이 많고, 누가 누구와 연대하며, 다른 당과 갈등을 빚는 양상은 어떠한지 등을 다루는 방식이다. 우리 언론의 정치부 기자들은 정치적 공방의 중계를 주요 주제로 다룬다.

이재명을 상대하는 젊은 기자들의 역할은 매우 중요하다. 특히 진보 언론에서는 젊은 기자들이 쓴 기사가 지면에 그대로 나가는 경우가 많다. '후배 권력'이란 말이 공공연할 만큼, 언론사 데스크가 일선 기자들을 지휘하기 점점 어려워지는 상황이다. 특히 진보 언론의 경우 더욱 그렇다. 일선 기자들의 생각이 그 신문사, 방송사의 생각이 되는 경향이 강해졌다.

20대 대선이 치러지기 전까지 민주당을 담당하는 젊은 기자들이 만나는 대상은 주로 민주당의 주류이자 당권파였다. 대선 경선 이전에 이재명과 만난 젊은 기자는 많지 않다. 이런 점이 이재명이 다른 후보에 비해 불리한 점이었다. 젊은 기자들이 이재명에 호감을 느끼고 있다고 보기는 어려웠다. 언론사의 간부들처럼 젊은 기자들도 이재명에 대한 이해와 호감의 부족을 기사로 드러내는 경우가 많았다. 다음은 이재명 당대표가 윤석열 정권을 비판하며 단식을 시작하자 경향신문이 게재한 기사다. 제목은 〈이재명 단식⋯ 황교안의 길 VS 김영삼의 길〉이다. 기사에는 '정치부 기자들이 전하는 당최 모를 이상한 국회와 정치권 이야기입니다'라는 설명이 붙어 있다. 이 설명처럼 기자는 이재명의 단식을 정치 공학적인 측면에서 다루고 있다. 기사의 분위기도 우호적이지 않다.

이재명 더불어민주당 대표가 4일로 단식 닷새째에 접어들었다. 정치인들이 단식투쟁을 막힌 정국의 돌파구로 삼은 적은 종종 있다. 그중 김영삼·김대중·문재인 전 대통령의 단식은 어느 정도 성과를 냈다고 평가받는다. 반면 이정현 전 새누리당 대표, 황교안 전 자유한국당 대표, 김성태 전 자유한국당 원내대표의 단식은 실패로 끝났거나 비판받았다. 타이밍과 명분에서 국민 공감을 얻을 수 있느냐가 성공의 관건이다. 이 대표의 단식을 역대 지도자들의 단식과 비교해봤다.

이 대표는 지난달 31일 무기한 단식투쟁을 시작하면서 민주주의 파괴에 맞선 '국민항쟁'을 선포했다. 그는 윤석열 대통령의 민생파괴와 민주주의 훼손에 대한 대국민 사죄, 일본의 핵 오염수 투기에 대한 반대 천명과 국제해양재판소 제소, 전면적 국정쇄신과 개각 등을 요구사항으로 내걸었다.

하지만 당 안팎에서 회의론이 적지 않다. 가장 큰 이유는 시점이다. 이 대표는 검찰 출석 일정을 조율하던 중에 단식투쟁을 선언했다. 이 대표는 "제가 단식한다고 해서 검찰 수사는 전혀 지장 받지 않을 것"이라고 했지만 무기한 단식으로 검찰도 이 대표를 소환하기 부담스러운 처지가 됐다. 국민의힘이 "사법 회피·내분 차단·당권 사수용" "방탄 단식"이라고 공세를 펴는 이유다. 게다가 일본의 후쿠시마 오염수 방류 반대를 내걸고 단식하기에는 시점이 늦었다는 지적이 나온다. 일본이 지난달 24일 방류를 시작한 지 일주일 넘게 지났기 때문이다. 개각 요구도 단식 명분으로 삼기엔 국민에게 절박하지 않은 사안이다. (중략)

기자는 기사 후반부에 이재명의 단식을 '국면전환용 비판받은 이정현의 단식' '방탄 논란 휩싸인 김성태의 단식' '수사 당사자, 황교안의 단식'과 비교했다. 이재명에 대한 비판적인 시선을 노골적으로 드러낸 것이다. 하지만 기사가 균형을 갖추려면 이재명이 단식에 돌입한 정국의 상황, 그가 단식을 시작하며 내놓은 말을 함께 소개했어야 한다. 이재명은 단식을 시작하며 윤석열 정권의 전면적 국정 쇄신, 일본 핵 오염수 해양 투기 반대 등을 주장했다. 그리고 "제가 단식한다고 해서 검찰 수사는 전혀 지장받지 않을 것"이라고 말했듯이, 그는 단식 중 검찰 조사에 응했다. 보수 매체인 데일리안조차도 이재명이 단식하던 와중인 2023년 9월 7일 발표한 여론조사 결과에 따르면, 응답자의 46.2%가 "단식 명분이 충분하다"고 답했다. 이는 "단식 명분이 충분하지 않다"고 대답한 47.0%와 거의 유사한 수치다. 명분 없는 단식이라고 단정 짓기에는 섣부른 판단이다.

한겨레신문의 기자들 역시 이재명에게 호의적이지 않은 시선을 여러 차례 드러냈다. 2022년 6월 1일 지방선거에서 더불어민주당이 참패하자 한겨레는 〈"이재명 살리자고 당이 죽었다" 터져 나오는 책임론〉이라는 기사를 실었다. 이재명 때문에 지방선거에서 졌다는 내용이다. 정권이 새로 출범(2022년 5월 10일)한 지한 달도 안 돼 치러진 선거에서 야당이 이기기 어렵다는 것은 상식이다. 그럼에도 패배의 책임을 이재명에게만 지운 것은 가혹하며 합리적이지 않다. 이 기사의 소제목은 '이원욱 "이재명, 본인 승리 위해 도망가"' '조응천 "굉장한 내상… 깔끔한 전대 못 나올 것"' '홍영표 "당을 사당화시킨 정치의 참담한 패배"'이다. 이른바 반명 진영의 의원들 목소리만 제목으로 뽑았다.

6·1 지방선거에서 더불어민주당이 17개 광역단체장 중 5곳만을 건지며 참패하자, 이재명 총괄선대위원장을 향한 책임론이 봇물 터지듯 나오고 있다. 당내에선 "상처뿐인 영광"이라며 '당권 불가론'이 나오고, 트위터에선 민주당 지지층을 중심으로 "이재명살리자고_민주당죽었다" 등의 해시태그가 급속도로 번지는 중이다. (중략)

2일 아침 조응천 민주당 비상대책위원은 〈문화방송〉(MBC) 라디오 인터뷰에서 이 위원장의 인천 계양을 국회의원 당선을 두고 "상처뿐인 영광"이라며 "굉장한 내상이 왔다"고 말했다. 조 의원은 당내에서 이재명 위원장과 가까운 의원 중 한 명으로 꼽힌다.

그는 "자기 선거 신경 안 써도 되는 지역으로 가서 전국적으로 지원을 나가겠다고 한 건데, (지역에) 발목 잡힌 데다가 오히려 비대위원 전체가 다 모여서 거기서 지원 유세를 하는 형국까지 몰렸다"고 말했다. (중략)

이번 선거에서 전략공천위원장을 맡았던 이원욱 의원도 밤사이 페이스북에 잇단 게시물을 올려 이 위원장을 비판하고 패배를 반성했다. 그는 1일 밤 이 위원장의 당선이 유력시되자 "이재명 친구, 상처뿐인 영광! 축하합니다"라고 글을 올린 데 이어 2일 새벽 장문의 글을 올렸다. 그는 "전략공천위원장이었던 나는, 이재명 후보에게 당당한 선택을 유도하기 위해 라디오 인터뷰를 통해 과거 손학규 대표의 분당을 출마 등 험지에 출마하여 선당후사를 보여주었던 민주당 정치지도자의 모습을 이야기했다"며 "열린 선택을 강조했지만 결과는 예상대로였다"고 꼬집었다. (중략)

전해철 의원도 페이스북에 글을 올려 "선거 패배에 책임 있는 분들이 필요에 따라 원칙과 정치적 도의를 허물고, 어느 누구도 납득하지 못할 변명과 이유로 자기방어와 명분을 만드는 데 집중하면서 국민들이 생각하고 기대하는 민주당의 모습과 멀어지게 만들었다"며 이 위원장과 서울시장 선거에서 낙선한 송영길 전 대표 등을 비판했다.

이 기사는 균형감을 상실했다. 이재명 책임론에 대한 반박도 공평하게 실었어야 마땅하다. 취재원은 모두 반명 의원들이다. 특정 정치인에게 비호감을 가질 수 있다. 하지만 기사의 균형감을 위해 반대편의 목소리도 싣는 게 기울어진 언론 환경에서 역할을 다하고 있는 진보 언론의 자세다.

유시민 작가는 2023년 5월 29일 〈시민언론 민들레〉에 게재한 칼럼을 통해 레거시 진보 언론의 이런 문제를 우회적으로 비판했다. 유 작가는 칼럼에서 오늘의 한겨레신문, 경향신문 등에 대해 '기자들의 신문'이라고 평가했다. 그러면서 "기자들이 자기네 만들고 싶은 대로 만든다는 뜻이다"라고 지적했다.

> (중략) 족벌언론·재벌언론·건설사언론을 모두 합쳐 '사영언론'이라고 하자. 나는 사영언론과는 거래하지 않으려고 한다. 1998년 기고 요청을 거절한 이후 지금까지 '조선일보'에 대해서는 인터뷰나 취재 협조에 일절 응하지 않고 살았다. 정치를 하던 때도 그랬다. 칼럼을 연재했던 '동아일보'와는 2002년 거래를 끊었다. '중앙일보' 기자의 전화도 이제는 받지 않는다. 그 회사들이 만든 종편방송에도 더는 나가지 않는다. '문화일보'와 '매일신문' 같은 '조선일보' 아류신문과 대기업과 건설회사 기관지 같은 경제신문들은 굳이 거론하지 않겠다. 이런 신문방송은 공적 미디어가 아니게 된 지 오래다. 지분을 소유한 '오너'들이 '언론인'과 '기자'라는 이름표를 단 종업원을 부리면서 자신의 이익과 신념을 실현하려고 운영하는 사기업일 뿐이다.
>
> '시민언론 민들레' 칼럼은 요즘 내가 하는 거의 유일한 언론 활동이다. 내게 이 신문은 35년 전 '한겨레'와 같다. 왜 오늘의 '한겨

레'가 아닌가? 오늘의 '한겨레'는 '경향신문' '오마이뉴스' '프레시안' 등과 비슷한 '기자들의 신문'이다. 기자들이 자기네 만들고 싶은 대로 만든다는 뜻이다. '사영언론'은 아니지만 '시민언론'이라고 하기도 어렵다. '기자들의 신문'에는 기고하고 싶지 않다. 텍스트 미디어여서 내 말을 토막내어 기사를 쓰기 때문에 인터뷰도 되도록 사양한다. (중략)

나는 레거시 진보 언론들이 지금도 중요한 역할을 하고 있다고 생각한다. 기자들의 신문이라는 평가도 좀 가혹하다고 생각한다. 사원 주주가 많지만 이 신문들에는 아직 여러 주주가 참여하고 있다. 편집국 내부의 자기 객관화와 사회 비판 의식도 살아 있다고 생각한다. 하지만 진보적 성향의 독자들이 이 신문들에게 자주 쏟아내는 쓴소리는 귀담아들어야 한다고 본다.

2장

토건 비리의
저승사자
이재명

조선일보로 확인하는
투사 이재명

조선일보와 이재명의 악연이 시작된 계기는 다름 아닌 토건 비리 사건이다. 당시 조선일보는 대장동 의혹처럼 토건 비리의 수괴 이재명이 아닌, 거악과 싸우는 30대 젊은 변호사 이재명에 주목했다. 2021년 9월 13일 대선에서 대장동 의혹을 중앙 일간지 중 가장 먼저 보도하고 이 이슈를 키운 조선일보가 이재명을 특별하게 다룬 것이다. 아이러니가 아닐 수 없다.

2001년 10월 19일 기사를 통해 이재명은 조선일보에 사실상 처음 등장했다. 조선일보는 1999년 불거진 성남시 분당구의 '백궁·정자지구 쇼핑부지 용도 변경 특혜 의혹'(통상 '분당 파크뷰 불법 분양 사건'으로 불림)의 주민 반응을 소개했다. 이 기사의 제목은 〈분당 주민들 불만 목소리 높다… 부당한 개발로 쾌적한 생활환경 망친다〉이다.

용도 변경 특혜 의혹이 다시 불거지면서 분당 신도시 주민들이 술렁이고 있다. 이들은 "분당이 비리의 온상인 것처럼 비쳐지고 있다"며 "무분별한 도시계획으로 주거 환경이 파괴되고 있다"고 주장하고 있다.

특히 주민들은 삶의 질을 지켜야 할 성남시가 앞장서 특혜 의혹에 휩싸이고 있다며 시장 퇴진운동 등 집단행동까지 벌일 움직임을 보이고 있다.

성남시 주민들로 구성된 '부당 용도 변경 저지를 위한 공동대책위원회'는 19일 백궁·정자지구 쇼핑부지 용도 변경과 관련, 검찰에 철저한 진상규명을 위한 수사를 촉구하면서 김병량 성남시장에 대한 퇴진운동을 전개하겠다고 밝혔다.

이재명 공동집행위원장은 "성남시가 시민들이 그렇게 반대하던 지역개발을 밀어붙이기 식으로 추진하는 바람에 이런 결과를 낳았다"며 "시장 등 행정 당국이 이제 주민들에 대해 그 책임을 져야 한다"고 주장했다. (중략)

조선일보는 이틀 뒤인 2001년 10월 21일 〈분당 백궁 쇼핑부지 용적률 50% 높여줬다〉는 기사를 통해 특혜 논란을 보다 자세하게 다뤘다. 기사는 "성남시가 문제의 H개발에 당초 가이드라인보다 무려 50% 이상의 용적률을 더 허용해준 것으로 드러났다"고 밝혔는데, 기사의 근거 자료의 출처가 성남시민모임이라는 사실을 암시했다. 성남시민모임의 공동 대표가 이재명 변호사였다.

성남시민모임 이재명 변호사는 "쇼핑부지를 주상복합건물로, 다시 사실상 아파트단지로 조성케 한 것도 특혜인데, 여기다가 용적률과 건물 높이까지 높여줬다"며 "H개발은 연면적 1만 6,893평, 금액(분양대금)으론 1,385억 원의 추가 이득을 각각 얻을 수 있게 됐다"고 주장했다.

다음 날인 10월 22일에는 성남시민모임이 용도 변경 특혜 의혹뿐 아니라 백궁·정자지구 주상복합 아파트에서 정·관계 고위 인사들이 불법 특혜 분양을 받았다고 주장하는 기사가 조선일보에 실렸다. 이 주상복합 아파트가 지금의 분당 파크뷰이다.

'분당 파크뷰 특혜 분양'으로 널리 알려진 이 사건의 본질은 아파트가 자리 잡은 백궁·정자지구를 둘러싼 거대한 토건 비리다. 토지의 용도 변경 과정에서 당시 유력 인사들이 개입됐고 비리를 주도한 세력이 큰 이득을 얻은 사건이다. 1999년부터 성남시민모임을 중심으로 비리 의혹을 제기했고, 2002년 김은성 전 국가정보원 2차장이 고위 공무원과 판검사, 국가정보원 직원 등 130여 명이 특혜 분양을 받았다고 밝혀 파문을 일으켰다. 이후 동아일보가 특혜 분양 리스트에 당시 정권 실세 중 한 명인 김옥두 의원 등 전·현직 국회의원 6명이 포함돼 있다고 보도했다. 당시 조선일보는 관련 사설까지 게재하며 이 비리를 크게 다뤘다. 사설은 토지 용도 변경 과정에 문제가 있는 전형적인 토건 비리라는 사건의 본질을 꿰뚫고 있다.

　분당 파크뷰 아파트 의혹의 본질은 특혜 분양 이전에 아파트 부지 용도 변경 과정에 있다. 누가 봐도 수상하기 짝이 없는 용도 변경을 둘러싸고 그간 언론과 시민단체의 숱한 의문제기가 있었으나 검찰은 "구체적 증거가 없다"는 말만 되풀이하며 좀처럼 열의를 보이지 않았다. 이제 그 같은 의혹을 뒷받침할 녹음테이프까지 나온 만큼 검찰은 이 부분에 대해 지체 없이 본격적인 수사에 착수해야 한다.

　3년 전 계약금 치를 돈도 없었던 영세한 건설업체가 1,500억 원대의 땅을 매입해서 8,000억 원대의 아파트 건설 사업을 벌인 사실 자체가 일반인의 눈에는 불가사의였다. 그러나 그보다 더 의아스러운 것은 포스코개발이라는 거대 업체가 석연찮은 이유로 수백억 원의 위약금까지 물어가며 기왕에 매입했던 토지를 포기하고, 그 땅을 무명의 건설업체가 사들이자 기다렸다는 듯 성남시가 용도 변경 조치를 취했던 일련의 과정이다.

　성남시민모임 이재명 변호사가 어제 공개한 김병량 성남시장의 전화녹음 테이프에는 이 의혹에 지방자치단체와 지역 검찰간부, 청와대 고위인사가 연루된 것이 아닌가 의심하기에 충분한 대화들이 다수 들어 있다. 아파트건설사 대표가 직원들에게 휴가까지 줘가며 시장 선거운동을 하게 했다는 얘기, 건설사 대표와 시장과 검찰간부가 함께 골프를 즐긴 얘기, 청와대 비서관이 주말에 건설사 대표 집에 들를 예정이니 인사를 해야 한다는 얘기 등등이 모두 진한 냄새를 풍긴다.

2002년 5월 5일 동아일보는 검찰에서 얻은 정보를 바탕으로 전·현직 국회의원 6명 등이 포함된 특혜 분양 명단의 구체적 내용을 특종 보도했다. 이 기사에도 이재명 변호사가 등장했다. 의혹을 오랫동안 지적해온 이재명의 말을 인용해 사건을 설명했다.

'경기 성남시 분당 파크뷰 아파트 특혜 분양 의혹'과 관련해 검찰은 5일 전현직 국회의원과 공무원, 판사, 검사, 국가정보원 직원, 언론인과 그들의 가족 및 친인척 등 130명이 포함된 것으로 알려진 분양자 명단을 확보해 실소유주와의 관계, 분양 경위 및 분양대금의 출처 등을 조사 중이다. (중략)

문제의 리스트에는 민주당 김옥두 의원의 부인과 한나라당의 P 전 의원 등이 포함된 것으로 확인됐으며 다른 전현직 의원 4명도 친인척 명의로 분양받은 것으로 알려졌다. 또 김 의원 딸이 시부모 명의로 분양을 받은 뒤 계약을 해지한 사실도 확인됐다. (중략)

성남시민모임 기획위원장 이재명 변호사는 "국정원이 99년 말 백궁 정자지구의 용도 변경 의혹과 관련해 작성한 보고서에는 김 의원이 여권의 정치자금 조달과 관련해 용도 변경 과정에 개입했다는 의혹이 제기됐다"고 주장했었다.

한편 국정원은 지난해 4월경 파크뷰 아파트의 분양이 끝난 직후 특혜 분양을 받은 130명의 명단을 작성해 청와대에 보고한 것으로 전해졌다.

정권 실세의 이름이 뉴스에 등장하자 백궁·정자지구 의혹은 게이트가 됐다. 전국적으로 사건이 알려지며 모든 언론의 관심사가 됐다. 김대중 정부 말기였던 당시에는 대통령의 아들 문제, 정현준 게이트, 진승현 게이트, 이용호 게이트 등 정권과 연관된 거대 비리 의혹이 잇따라 터졌다. 백궁·정자지구 의혹도 게이트급 사건이었다.

오마이뉴스는 2002년 5월 11일 이재명 변호사의 인터뷰를 실었는데, 이재명은 "파크뷰 특혜는 빙산의 일각"이라고 설명했다. 이재명은 "검찰은 '파크뷰 특혜 분양 수사에서 용도 변경과 관련해 특혜 받은 게 나타나면 이 문제를 조사하겠다'고 하나 1조 원이 넘는 돈이 왔다 갔다 한 사업을 주무른 배후인물들이 기껏해야 프리미엄 먹는 데 흔적을 남겼겠느냐"며 파크뷰 조사에만 국한하지 말고 용도 변경 문제를 전면적으로 수사하라고 주장했다.

다음은 이 변호사와의 일문일답 중 일부

특혜 분양 여부를 어떻게 가려야 한다고 보나.

"선착순 분양받은 사람들부터 의심해야 할 것 같다. 특혜 의혹 받는 사람들이 해명하는 것을 보니 새벽부터 줄서서 분양받았다고 하던데 당시 상황을 보면 분양 시작 3일 전부터 '떴다방' 업자들이 장악한 상태였기 때문에 일반인들은 접근하기도 어려운 상태였다."

현재 검찰의 수사를 어떻게 보나.

"파크뷰 특혜 분양도 조사해야겠지만, 그건 전체 사건의 지엽말단일 뿐이다. 솔직히 검찰에 큰 기대를 안 하고 있다. 우리와 성남시청 간의 맞고소 건을 조사부에만 맡겨 놓은 상태다. 특히 파크뷰에서 뭐가 드러나면 용도 변경 문제를 다루겠다고 하는데 그 엄청난 사업의 배후가 한 채당 몇 천만 원의 프리미엄 붙는 정도에 매달려 있겠는가 하는 생각이다. 고래 잡는다면서 강물에 그물을 친 모양새다. 언론도 마찬가지다. 2년 전에 취재 다해 가 놓고도 지금은 또 전혀 새로운 사람들 보낸다. 언론이 계속 추적했다면 뭔가 결말이 났을 것이다."

검찰의 수사가 만족스럽지 못할 경우 어떤 대응방법이 있는 것인가.

"이 사건은 성남시, 토지공사, 건교위, 국정원 등 여러 기관이 얽혀 있으나 드러난 것은 아직은 파편적이다. 이 파편들을 연결할 핵심선을 공개할 것을 고려하고 있다."

증거나 증인을 확보하고 있다는 것인가.

"아직은 밝힐 때가 아니다. 대통령 아들들 문제를 비롯해 너무 사건들이 많아 공개해도 묻히기가 쉬울 것 같다."

만약 본인이 수사를 담당한다면 어떻게 하겠는가.

"H1개발에 특혜가 주어진 배경을 밝히는 것이 우선이다. 이 부분이 핵심이다. 또 토지공사는 용도 변경이 결정 난 뒤에도 토지의 상당 부분을 수의계약으로 매각했다. 입찰을 통해 공급예정

가보다 높은 가격으로 팔 수 있다는 것이 확인됐음에도 그렇게 했다. 이 부분을 밝히면 상당 부분 실체에 접근하게 될 것으로 본다." (중략)

백궁·정자 게이트를 폭로하고 전과자가 되다

백궁·정자지구 용도 변경 특혜 의혹으로 이재명은 전국적으로 알려졌다. 당시 사건을 취재하려는 기자들은 "무조건 이재명 변호사를 만나라"라는 말을 들었다. 그의 변호사 사무실은 찾아온 기자들로 북새통을 이뤘다. 신문과 방송에 이재명의 이름과 얼굴이 알려졌다. 30대 젊은 변호사가 정권 핵심이 연루된 걸로 보이는 거대 비리의 폭로를 주도한 것은 대단한 일이었다.

하지만 이재명은 이 사건으로 전과자가 됐다. 언론과의 공조 과정에서 검사를 사칭했다는 죄목이었다. 이재명은 이 사건으로 전국적 인지도라는 '명성'과 검사를 사칭한 전과자라는 '오명'을 동시에 얻었다. 이재명의 〈웹자서전〉에는 그 전말이 공개돼 있다.

이재명은 사건의 심층보도를 준비하는 KBS 〈추적 60분〉 팀의 취재와 인터뷰에 응하고 있었다. 인터뷰 도중 KBS PD의 전화가 울렸는데, 김병량 성남시장의 전화였다. 그동안 PD는 비서진과 통화하며 시장과의 연결을 요청했는데, 성남시장은 백궁·정자지구 용도 변경의 최종 인허가권자로 의혹의 한가운데에 있는 인물이었기 때문이다. PD는 시장과의 통화에서 자신이 파크뷰 사건 담당 검사라며, 솔직하게 전모를 털어놓아야 잘 처리해줄 수 있다고 종용했다. 그 말에 시장은 내막을 털어놓았고 취재진은 통화를 녹취했다.

며칠 후 녹취가 〈추적 60분〉에 나갔지만 반향이 없었다. 이재명은 PD에게 부탁해 녹취파일을 받아 기자회견장에서 이를 공개했다. 2002년 6월 13일 지방선거를 앞둔 시점에서 녹취가 공개되자 성남시장은 PD의 검사 사칭 배후로 이재명을 지목했다. 검찰은 이재명을 공범으로 기소했고 결국 그는 벌금 150만 원을 선고받았다. 반면 검사를 사칭한 PD는 선고유예 판결을 받았다.

당시의 게이트 사건들처럼 백궁·정자지구 게이트도 권력 핵심을 처벌하지 못했다. 김병량 성남시장은 제3자 뇌물수수 혐의로 징역 1년, 집행유예 2년을 받았다. 당시 이름이 거론된 여권 핵심 의원과 관련된 의혹은 검찰이 수사 본류가 아니라고 봐서 흐지부지됐다. 결국 거대 비리를 파헤친 인권 변호사만 범법자가 됐다. 기가 막힐 노릇이다.

나는 이재명의 벌금형을 기득권의 반격으로 본다. 거악에 맞선 투사를 옭아매 악당으로 만드는 전형적인 수법이다. 더군다나 이재명은 정권의 실세들이 연루됐다고 폭로하며 권력 핵심과 맞섰다. 그들은 풋내기 변호사를 가만둘 수 없었을 것이다. 우리가 기억하는 이 같은 사례는 수두룩하다. 1992년 군대 내 부재자 투표의 부정 선거를 폭로하는 기자회견을 연 이지문 중위는 근무지 이탈로 연행됐다. 가깝게는 대통령실 관련 외압을 폭로한 박정훈 전 해병대 수사단장 사건이 있다. 원칙을 지키려는 박 대령을 군 검찰은 항명 혐의로 기소했다.

이재명은 전과자가 됐으며 부패 토건업자들로부터 협박을 당했다. 업자들은 이재명이 제대로 된 언론을 갈망한다는 사실을 알고 언론사 차릴 돈을 주겠다고 회유했다. 〈웹자서전〉에서 이재명은 당시 사건을 이렇게 회고했다.

어떻게 할 것인가. 백척간두. 백 자 높이의 허공, 선 자리는 장대 끝, 바람 불면 휘청거리는 위태로운 자리.

이 싸움이 후에 얼마나 험한 가시밭길을 펼쳐놓을지 가늠하는 것은 의미가 없었다. 그러나 내가 포기하면 아무도 싸우지 않으리란 것은 분명했다. 몰랐다면 모를까, 알고서도 부정과 싸우지 않는 것은 양심이 허락하지 않았다.

결국 나는 그 위태로운 허공, 백척간두에서 한 발 더 나아가기로 결정했다. 진일보. (중략)

'파크뷰 특혜 사건' 싸움은 몇 년에 걸쳐 계속됐다. 무려 499세대를 정관계, 법조계, 언론계의 유력자들에게 특혜 분양한 사실이 드러났고, 도움을 주고 돈을 받은 경기도지사 부인, 성남시장, 경찰간부, 언론인, 정치인 등 관계자들이 줄줄이 구속되었다.

돌이켜 생각하면 그 사건은 나와 부동산 마피아, 음험한 기득권 세력과의 전선이 구축되는 순간이었다. 이 일을 두고 어떤 평론가는 내가 '부동산 패권주의 세력의 역린을 건드린 것'이라 표현하기도 했다.

공직자가 돼서도
토건 비리와 싸운 이재명

방치된 공단 터를 공원으로

대선을 치르는 동안 나는 많은 기자들을 만났다. 대변인으로서 기자들과 소통하며 정책과 이재명 후보의 장점을 알리는 게 나의 임무였다. 내가 만난 기자들은 대체로 20~30대가 대부분이다. 국회반장들도 많아야 40대를 넘지 않는다. 이들이 이재명에 대해 잘 모르는 부분은 '성남'이라는 정체성이다. 조폭 연루설 논란 등이 불거졌을 때, 이재명의 기본 시리즈(기본소득, 기본주택, 기본금융)에 대한 비판이 나올 때, 나는 성남이란 도시에 대해 설명했다.

나는 성남에 강렬한 기억을 가지고 있다. 1980년대 중반인 중학교 2학년 때 성남을 방문한 적이 있다. 가출한 친구를 찾기 위해서였다. 5월쯤으로 기억하는데, 학교에 새로 부임한 열혈 선생님이 상습적으로 가출하는 친구를 찾으러 함께 가자고 했다. 가출한 친구는 가족이라곤 할머니뿐이었는데, 할머니는 그 친구가 성남 어디쯤의 공장에 있다고 일러줬다. 주소가 적힌 종이 한 장을 들고 성남으로 향한 선생님과 나는 작은 공장에서 일하는 친구를 찾아냈다. "중학교는 마쳐야 하지 않겠냐"라는 선생님의 설득에 친구는 마음을 고쳐먹고 학교로 돌아왔다. 그 공장은 지금의 성남 중원구 상대원동 어디쯤에 있었다. 소년공 이재명이 일했던 그 공장 근처다. 소년공 이재명처럼, 나의 반 친구가 일하던 공장에도 중고생쯤으로 보이는 앳된 얼굴이 여럿 있었다.

현재 성남은 경기도를 대표하는 도시 중 하나다. 인구 91만의 이 대도시는 분당이 들어서면서 잘사는 동네가 됐다. 성남에는 정보통신 대표기업인 네이버가 있으며, 판교 테크노밸리에는 스타트업 기업이 몰려 있다. 성남은 국내 첨단 산업의 메카이다.

하지만 예전의 성남은 그렇지 않았다고 젊은 기자들에게 설명했다. 중학교 때 경험까지 섞어가며. 1960~1970년대 정부는 성남에 청계천 판자촌 철거민들을 이주시켰다. 정부가 "집을 주겠다"는 약속을 지키지 않자 1971년 8월 10일 성남(광주대단지)민권운동이 벌어졌다. 주민들은 경찰차를 불태우고 파출소를 파괴하며 6시간 동안 광주대단지를 장악했다. 이 운동은 전태일 분신 사건과 더불어 하위 계층의 권익 향상에 크게 기여한 해방 이후 최초의 대규모 도시빈민투쟁이다. 이렇듯이 성남은 당시 소규모 공장이 많고 이주민이 주를 이루는 가난한 도시였다. 이 도시에서 이재명이 10대 시절을 보냈고 인권 변호사로 활동했다고 설명하면 젊은 기자들은 고개를 끄덕였다.

오바마에게 정치적 고향 시카고가 있다면, 이재명에게는 성남이 있다. 오바마는 대선 유세 당시 "시카고에서 지역사회운동가로 활동한 경험이 하버드 로스쿨에서 수학한 것보다 더 값진 생애 최고의 교육이었다"라고 밝혔다. 오바마는 당시 대중 속으로 직접 뛰어들어 그들이 원하는 바를 몸으로 배웠다. 이재명도 제2의 고향이자 삶의 근거지인 성남에서 지역 정치를 배웠다.

이재명의 부동산 정책 중 대표적인 것이 성남시장 시절 추진한 '성남 1공단 부지의 시민공원화'이다. 이재명 시장은 선거 공약이었던 공원화 계획을 2012년 6월 27일 취임 2주년 기자회견에서 구체화했다. 이재명은 "지난달 말 도시개발구역 지정이 실효된 제1공단 부지는 특혜 의혹이 제기된 개발사업이 지연되고, 공원조성계획 역시 예산문제로 표류하면서 장기간 흉물로 방치되어 도시 미관을 해친다"며 "제1공단 부지를 시민 혈세를 들이지 않고 도시공원으로 조성하겠다"고 밝혔다. 그가 제시한 방안은 결합개발이었다.

대장동 30만 평 개발사업을 공영개발로 전환해 그 개발이익을 성남시가 확보하겠다는 것이었다. 그해 개정된 관계법령에 따라 1공단과 대장동 구역을 단일사업구역으로 묶어 '결합개발'을 시행하면 1공단 전역을 공원으로 조성할 수 있다는 계획이었다. 그러면 성남 시민의 세금을 쓰지 않고 공원화가 가능했다. 대장동의 토지 개발 수익을 공공이 환수해 본도심(성남 중원구, 수정구의 시민은 구도심이란 표현을 싫어한다)의 방치된 공단 터를 꽃이 피고 새들이 지저귀는 공원으로 바꾸는 계획이었다. 분당구에 비해 낙후된 본도심의 환경이 업그레이드되는 것이다. 그것도 세금 한 푼 안 쓰고 토지 개발의 수익을 시가 확보해서……. 이재명이 아니면 시도하기 힘든 과감하고 창의적인 행정이었다. 즉, 낙후된 도심 환경을 개선하는 사업의 일환이 대장동 사업인 것이다. 이재명이 대장동과 위례 관련해 검찰에 제출한 진술서에는 대장동과 공단 공원화가 어떻게 연관되는지 잘 설명돼 있다.

[대장동 택지개발사업 관련]

1. 대장동 개발사업 추진 경위

가. LH가 공공개발 중 대장동 일당이 강제수용 예정 토지를 대량 매수

대장동 일대는 판교 신도시 주변 토지로 개발압력이 높아 LH가 2005년경부터 공공개발을 진행 중이었습니다. 그런데 2009년 10월경 당시 이명박 대통령은 "LH는 수익 나는 개발사업에서 손을 떼라"는 취지의 지시를 하고, 국민의힘(당시 한나라당 이하 동일) 신영수 국회의원은 2009년 국정감사에서 LH에 대장동 개발사업 포기를 종용했습니다.

이때쯤 대장동 투기 세력은 부산저축은행에서 부정 대출받은 약 1,800억 원으로 대장동 일대 토지를 시세의 2~3배 가격에 집중 매입한 것으로 알려졌습니다. 이들은 신영수 국회의원의 동생에게도 수억 원의 뇌물을 제공하며 LH의 공영개발 포기를 위한 로비를 하다 적발되어 처벌받았습니다.

나. 2010. 6. 말 LH가 돌연 대장동 공영개발 포기 선언
제가 성남시장에 당선된 직후인 2010. 6. 말경 LH는 대장동 사업을 포기하였는데 당시는 몰랐지만 대장동 일당의 로비 결과로 의심됩니다.

다. 성남시는 공공개발 추진 중 국민의힘 방해로 민관공동개발로 전환
저는 제5기 성남시장으로 당선된 후, 인허가권 행사로 생기는 불로소득을 민영개발을 통해 투기 세력이 독점하는 것은 부당하므로, 대장동을 공공개발하여 인허가권 주체인 성남시민에게 개발이익을 돌리는 게 합당하다고 판단해, 성남도시개발공사(이하 공사)를 설립, 공공개발 자금 용도인 지방채 약 4,600억 원 발행을 추진했습니다.

그런데 국민의힘이 다수인 시의회가 지방채 발행을 반복적으로 부결하여 공공개발이 막혔습니다. 그렇다고 민간개발을 허가할 수는 없어 차선책으로 민간의 자금과 역량을 이용한 민관공동개발로 개발이익을 일부나마 환수하기로 했습니다.

라. 성남시의 민관공동개발은 철저히 시민이익을 위한 방향으로 추진
분당구에 비해 낙후된 성남 본시가지(수정구, 중원구)는 재개발을 통해 주거환경을 개선해야 했고, 그 방안 중 하나가 공장들이 빠져나가 비어 있던 1공단 부지를 공원으로 조성하는 것이었습니다.

1공단 공원화는 사업비 2~3천억 원이 필요했는데, 분당구 대장동을 먼저 개발하여 그 수익금으로 공원화 사업을 하려다가, 이후 대장동과 1공단을 하나로 묶어 동시 개발을 추진하였습니다. 2015. 2.경 민간사업자를 경쟁 공모하여 3개 컨소시엄 중 하나은행 컨소시엄이 선정되었습니다. 공사는 25억 원만 부담하고 일체의 위험부담을 하지 않고, 1조 3천억 원에 이르는 개발자금의 조달과 사업 시행, 사업 실패나 손실 발생 위험을 모두 민간사업자가 떠안는 한편, 민간투자자가 2,561억 원으로 1공단을 공원화하고, 공사에는 임대아파트부지나 1,822억 원을 우선 배당하기로 하여 총 4,583억 원의 공익 환수를 확정하였습니다.

건설 원가 공개, 공공개발 이익 환원

토지 개발과 건설 사업은 한국 경제 발전에서 기여한 바가 크다. 개발도상국가에서 부동산은 경제를 이끄는 주요 산업이다. 중국의 경제구조도 그렇다. 하지만 그 과정에서 온갖 부패와 비리로 얼룩진 것도 사실이다. 공정하지 못한 경쟁과 정치 세력과의 결탁 등으로 개발 이익을 독점한 사례들이 많다. 이 과정에서 대다수 국민은 한정된 공유 자산인 토지의 개발 이익에서 소외됐고 소수가 혜택을 독점했다. 이제 선진국인 한국에서 이는 더 이상

용납할 수 없는 문제다. 이재명이 토건 비리 근절에 매달리는 이유도 이 때문이다.

2018년 9월 11일 당과 예산정책협의회에서 이재명 경기도지사는 부동산 정책에 대한 철학을 밝혔다. 이재명은 부동산 투기와 경제문제 해결 방안으로 국토보유세 신설과 공동주택 분양수익 환수를 통한 공공임대주택 공급 등 구체적인 정책을 더불어민주당에 제안했다. 이재명은 이 회의에서 "대한민국의 부동산 투기와 경제문제를 해결하기 위해 부동산으로 인한 불로소득을 줄이고, 그 이익을 환수해 국민의 이익으로 만들어내는 것이 중요하다"라고 밝혔다.

이재명은 국토보유세 도입과 관련해 "토지공개념이 헌법에 도입된 지 수십 년이 지났지만 현장에서 작동하지 않으면서 부동산이 특정 소수의 투기수단으로 전락했다"며 "세금에 대한 저항은 세금을 걷어서 다른 데 쓴다는 불신에서 비롯된 것으로 보유세를 걷어 국민에게 그대로 돌려준다면 저항이 없을 것"이라고 말했다.

이어 구체적인 방안으로 모든 토지에 공개념을 도입해 보유세를 부과하고 이를 국민에게 100% 돌려주는 기본소득으로 사용하자고 제안했다. 이재명은 "공동주택 분양으로 발생하는 이익을 공공이 환수해 기금을 만들고 이 재원을 장기공공임대주택을 짓는 데 사용하도록 제도화하면 모두가 행복한 부동산 정책이 될 것"이라며 "장기공공임대주택의 비율을 현재 35%로 고정해

났는데 이를 더 확대할 수 있도록 시도지사에게 권한을 부여하면 경기도에서만큼은 아파트 분양 투기를 완화할 수 있다"고 밝혔다.

이재명 경기지사는 이 밖에도 여러 부동산 정책을 시행했다. 기획부동산 척결도 그중 하나였다. 기획부동산은 개발이 어려운 토지나 임야에 대해 이득을 얻을 것처럼 광고하고 투자자들을 모집한 후 이를 잘게 쪼개 판매하는, 지분 판매 방식으로 이익을 얻는 부동산업자들이다.

경기도는 2019년 6월 1일~8월 30일 기획부동산을 대상으로 공인중개사법과 부동산 거래신고 등에 관한 법률 위반 여부에 대하여 집중조사를 실시했다. 그 결과 4,466건의 불법행위를 적발해 과태료 5억 500만 원을 부과했다. 4,466건의 위반 내역을 살펴보면 공인중개사법 위반 30건, 사문서 위조 및 위조 사문서 행사 20건, 부동산실명법 위반 8건(과징금), 부동산 거래신고 등에 관한 법률 위반 4,408건이었다. 이 중 혐의가 확인된 부동산 거래법 위반 2,025건에 대해 5억 500만 원의 과태료가 부과됐다. 이재명이 도지사로 있는 동안, 기획부동산 투기행위를 막기 위한 합리적 조치로 토지거래허가 핀셋 지정이 모두 4회에 걸쳐 244㎢ 면적에 대해 이뤄졌다. 2020년 12월 9일 이재명은 페이스북에 기획부동산에 대한 의지를 다음과 같이 밝혔다.

규칙을 지켜서 손해 보지 않고 규칙을 어겨서 이익 볼 수 없도록

해야 합니다. 부동산에 대한 서민들의 소외감, 열망을 악용해서 부당한 이익을 취하는 사기범죄가 횡행합니다. 개발이 불가능한 토지를 작은 필지로 나눠 서민들에게 속여 파는 기획부동산이 대표적입니다. 마치 도로가 있는 토지처럼 분양하는데, 알고 보니 산꼭대기거나 절벽이거나 하는 식입니다.

다단계처럼 돼 있어서 피해자 규모가 너무 크고, 한번 피해자가 되면 거의 회생 불가능한 상태로 피해를 입습니다. 규제 방법이 없어서 눈 뜨고 방치하는 수준이었는데, 다행히 경기도 공무원들이 방법을 찾아내서 지난해부터 핀셋정책을 쓰고 있습니다.

가장 중요하게는 기획부동산 투기 및 우려 지역에 대해 토지거래 허가구역 지정을 하고 있습니다. 이달 중으로 4차 지정이 예정돼 있는데, 허가구역 지정 전후의 임야 거래량을 보면 월 평균 3천여 건에서 1천여 건으로 줄어들어 상당한 효과가 있음을 알 수 있습니다. 내년도엔 기획부동산 법인 및 거래의심 토지에 대한 추적 시스템을 개발해서 지도단속 자료로 활용합니다.

그리고 오늘 경기도와 경기남부지방경찰청, 경기북부지방경찰청이 불법행위 강력 대응을 위한 업무협약식을 했습니다. 도민들의 피해가 큰 만큼 두 분 청장님께 각별한 부탁을 드립니다.

도민 여러분께서도 기획부동산이 활개칠 수 없도록 관심 가져주십시오. 경기부동산 포털에 기획부동산 피해 주의지역(https://gris.gg.go.kr/map/main/grisMapView.do...)을 공개하고, 도와 시·군에 피해신고센터도 운영하니 꼭 참고하시기 바랍니다.

건설 원가 공개를 통해 부동산의 투명성도 높이려 했다. 2018년 9월 3일 경기도시공사는 홈페이지에 건설 공사 원가 정보 공개방을 열어 2015년 이후 공사에서 발주한 계약금액 10억 원 이상 건설공사 원가를 공개했다. 공개 대상 공사 건수는 일반 공사 49건, 공공주택사업 9건(행복주택 8건, 영구임대주택 1건) 등 모두 58건이다. 계약금액은 일반주택 8,111억 7,400여만 원, 공공주택사업 1,634억 원 등 모두 9,745억 7,400여만 원이다. 공개 내용은 계약금액을 비롯해 설계내역서, 도급 및 변경내역서, 하도급내역서, 원하도급대비표 등 5개 항목이다.

이재명은 공개 두 달 전인 7월 페이스북에 '공사비 부풀리기 원가 공개로 막겠다'는 글을 통해 "누군가의 부당한 이익은 누군가의 부당한 손실이다. 권력에 유착해 불로소득을 누릴 수 없도록 철저히 막고 도민의 삶을 바꿀 것"이라고 밝혔다.

이에 대해 여론은 뜨겁게 호응했다. 경기도가 2018년 8월 31일~9월 1일 도민 1,000명을 대상으로 실시한 여론조사에 따르면 아파트 등 주택건설 부문 공사 원가 공개에 92%, 도로와 철도 등 일반 건설 부문 공사 원가 공개에 90%가 찬성했다. 찬성 이유로는 '공공건설 사업의 투명성 제고'(39%)와 '공사비 부풀리기 등 관행 개선'(35%)이 가장 높았다. 또한 응답자의 74%는 공공건설 공사 원가 공개가 현재 아파트 분양가를 낮추는 데 도움이 될 것으로 전망했다. 도민의 52%는 아파트 분양가를 비싸다고 답했다.

이재명의 원가 공개 계획은 사회적으로 큰 파장을 불렀다. 건설사들은 반발했지만 경제정의실천연합은 논평을 내고 환영의 뜻을 밝혔다. 경실련은 원가 공개가 '공공건설 계약정보의 투명한 공개는 착취구조 및 부정부패 해소를 위한 의미 있는 출발점'이라며 '업계 민원 해결을 위해 공사비 인상을 추진하는 중앙정부와 공기업, 타 지자체, 국회도 동참해야 한다'라고 밝혔다.

경실련은 '우리나라 공공건설은 공공 발주자로부터 도급을 받은 건설사들이 직접 시공하는 것이 아니라 2, 3단계의 하도급을 통해 수행된다. 그러다 보니 애초 책정되고 낙찰된 공사비가 그대로 공사에 투입되지 않는다'라며 '원가 공개는 여러 종류가 있다. 설계단계 원가인 설계가, 입찰단계 원가인 예정가격, 원청계약단계 원가인 공사원가, 하청계약단계 원가인 시공단가까지 4단계 원가가 존재한다. 경기도는 설계내역서, 계약내역서, 하도급내역서, 원하도급대비표 등 공사비와 관련된 내역서를 모두 공개할 예정이다. 이 같은 자료를 통해 실제 공사비가 얼마가 투입되었는지 알 수 있다'고 평가했다.

경실련은 건설사와 공기업 등은 영업비밀이라며 반대하고 있지만, 법원은 공공공사의 정보공개는 아무 문제가 없다고 지속적으로 판단해왔다고 밝혔다. 경실련은 '2010년 SH공사를 상대로 아파트 사업에 대한 공사비 정보공개 소송을 진행했고, 법원은 1·2심 모두 시민의 손을 들어주었다(서울고법 2008누32425호, SH공사 대법원 항고 포기)'라고 주장했다.

공공개발이익 도민 환원제도는 이재명 부동산 정책의 핵심 중 하나였다. 2018년 환원제 모델 개발을 위한 연구 용역, 2019년 3월 13일 관련 토론회, 2019년 8월 13일 국회 정책 토론회 등의 과정이 이뤄졌다. 경기도 자료에 따르면, 경기융합타운 복합개발 수익 2,100억여 원이 도민이용시설에 전액 환원됐다. 공공택지개발사업인 다산신도시에도 적용됐다. 경기주택도시공사는 다산신도시 개발사업 이익금 약 4,330억 원을 남양주의 교통 문제와 생활환경 개선 등 지역 현안을 위해 재투자할 계획이다. 2020년 3월 25일 현재 '경기도 개발이익 도민환원기금'으로 경기주택도시공사의 현금 배당금 350억 원이 확보되었다. 경기도는 2025년까지 경기주택도시공사로부터 배당빋을 이익금 총액을 1,468억 원으로 추산했다.

이재명은 공공개발이익 환수의 제도화를 위한 법률 개정에도 나섰다. 그 결과 2019년 9월 '개발이익환수법' '택지개발촉진법' '공공주택특별법' 개정안이 발의됐다. 하지만 20대 국회 임기 만료로 법안은 자동 폐기됐다. 대선 과정에서 대장동 논란이 불거지자 2021년 12월 이른바 '대장동 방지법' 3개 법안 중 도시개발법과 주택법 개정안이 국회를 통과했다. 도시개발법 개정안에는 민간 참여 개발사업에서 민간 이윤율을 정부 시행령으로 제한하는 내용이 담겼다. 주택법 개정안은 민관 합작 도시개발사업 택지에 분양가 상한제를 적용하는 내용이다. 하지만 공공 토지 개발 이익을 국민에게 돌려주는 대장동 사태의 핵심 해법인 '개발

이익환수법'은 아직 통과됐다는 소식이 없다.

기본주택의 설계

정치인 이재명은 부동산 문제 해결에 천착했다. 부동산 문제가 우리 삶을 옥죄는 주요한 원인이라고 생각하기 때문이다. 부동산은 국민 재산의 전부나 다름없다. 모두가 부동산에 매달린다. 투기의 장이 되며 사회, 경제 문제의 원인이 된다.

사람들은 집을 사기 위해 빚을 내고 가처분 소득이 줄어 쓸 돈이 없다. 수요가 줄어 경제가 돌아가지 않는다. 젊은 세대는 집을 살 수 없을 것이란 걱정에 공포 수요에 빠져든다. 집을 사기 위해 아이도 낳지 않는다. 이재명은 부동산 문제에 대한 해법의 하나로 기본주택을 제안했다. 집 없는 누구나, 장기간에 걸쳐, 중산층도 살 수 있는 30평대의 장기임대주택이 이재명이 제안한 기본주택이다.

2020년 9월 3일 이재명 경기도지사는 기본주택 추진을 위한 전문가 간담회를 개최했다. 간담회에서 이재명이 강조한 주택 문제에 대한 인식과 해법은 이러하다.

이재명 경기도지사는 부동산 문제 해결을 위해서는 불안수요를 줄이는 것이 필요하다며 해법으로 기본주택 도입이 필요하다고 강조했다. 또, 3기 신도시에 기존 공공임대주택 공급 물량(35%) 외에 경기도가 공급하는 주택 물량의 50%를 기본주택으로 공급하겠다

는 뜻도 밝혔다. (중략)

이어 그는 "대통령께서도 평생 살 수 있는 중산층용 임대주택을 장기 공급해야 된다고 말씀하셨으니 정부정책도 그에 맞춰서 3기 신도시 주택 물량부터는 평생주택 형식으로 해야 한다"면서 "경기도는 도시주택공사가 참여하는 3기 신도시 주택 공급 물량의 50%를 장기공공임대 또는 토지임대부 분양주택 등 기본주택으로 공급할 계획"이라고 덧붙였다. (중략)

'경기도 기본주택'은 무주택자면 누구나 30년 이상 장기간 거주할 수 있는 임대주택이다. 경기주택도시공사는 지난 7월 21일 이런 내용을 담은 기본주택 건설 계획을 밝히면서 하남 교산, 과천, 안산 장상 등 수도권 3기 신도시와 용인플랫폼 시티 등 대규모 개발사업용지 내 역세권에 공급하겠다고 발표한 바 있다.

이재명이 민주당 대선주자로 나서 2021년 8월 3일 '기본주택 100만 호 공급' 공약을 발표하자 조선일보는 사설에서 이를 '정책인가 공상인가'라며 비판했다. 조선일보는 "정부와 공기업이 역세권 등에 임대·분양주택을 지어 30년 이상 살 수 있게 하겠다는 것이다. 이 지사 말대로 1채당 건설비용을 3억 원으로만 잡아도 300조 원이 소요된다"고 지적했다.

이어 조선일보는 "지금 2030 세대가 빚을 끌어다 '패닉 바잉'에 나설 만큼 민간주택 시장이 들끓지만 정작 공공임대주택은 빈집이 속출하고 있다. 작년 말 정부가 전세 대책으로 공공임대주택

11만여 가구 공급안을 내놓았지만 이 중 4만여 가구는 살겠다는 사람이 없어 3개월 이상 비어 있는 곳이었다"라고 비판했다.

그러자 이재명은 조선일보 사설에 정면 반박했다. 이재명은 "조선일보의 기본주택 비판은 공격을 위한 공격일 뿐이다. 공공임대아파트를 모두 현금으로 지어야 된다는 건 조선일보식 표현대로라면 '망상'에 불과하다"면서 "활용할 수 있는 금융기법이 있는데, 공공임대주택을 굳이 모두 현금으로 지어야 할 이유가 없다. 현재 아파트 건설사 중에 100% 자기 현금으로 아파트를 짓는 회사가 있을까? 이렇게 해왔다면 애초에 후분양을 회피할 이유도 없었겠다"라고 주장했다. 다음은 이재명 블로그에 실린 반박 글이다.

아주 단순화해서 하나의 예를 들어보겠습니다. 지역에 따라 다르겠지만 경기권 30평형대 '분양형 공공임대아파트'는 대략 3억 원대에 지을 수 있습니다. 이 아파트는 5억 원대에 분양이 되고, 실거래가는 7~10억으로 껑충 뜁니다. 시장가격이 7~10억가량 되기 때문에 건설원가에 해당하는 3억은 충분히 금융권을 통해 조달할 수 있습니다.

이렇게 빌린 3억으로 다시 30평형대 아파트를 지을 수 있습니다. 3억에 대한 이자는 적정한 월세를 통해 감당할 수 있습니다. 이런 방식으로 대규모 재정 투입 없이 기본주택 공급이 순차적으로 가능합니다.

그렇게 되면 과잉유동성 자금은 투자 기회를 얻게 되고, 정부는 공공주택을 확보할 수 있고, 국민은 집 문제를 해결할 수 있습니다. 모두에게 도움이 되는 결과가 만들어집니다.

이 외에도 공사채 발행이나 기금 운용 등 다양한 방법이 있을 것입니다. 하고자 하는 사람은 방법을 찾고, 하지 않으려는 사람은 이유를 찾는 법입니다. 머리를 맞대면 더 좋은 방법도 찾아질 것입니다.

이재명의 부동산 해법은 매우 구체적이다. 그는 단순히 이데올로기를 내세워 싸우지 않는다. 이재명에게 '업그레이드 노무현'이라는 수식어가 붙는 것은 그가 사회 현안에 매우 정교한 해법을 제시하기 때문이다. 20년 넘도록 부동산 문제에 천착해온 이재명이 내놓을 수 있는 방안인 것이다.

3장

이재명 죽이기,
대장동 잔혹극의
전말

'모호한' 출처로 출발한
대장동 의혹

대장동 의혹을 가장 먼저 제기한 중앙 매체는 조선일보다. 당시 조선일보 첫 기사를 면밀하게 분석해볼 필요가 있다. 민주당 대선후보 경선이 한창이던 2021년 9월 13일, 조선일보는 1면 일부와 5면 전체를 할애한 기사를 통해 대장동 의혹을 제기했다.

1면 기사의 제목은 〈이재명표 대장동 개발 참여社, 3년간 배당금만 577억〉이다. 이 기사에는 '야권 "이익 공공환수 취지 퇴색"'과 '이재명 측 "적법한 절차, 특혜 없어"' 등의 소제목이 달려 있다. 1면 기사의 첫 문장은 다음과 같다.

이재명 경기지사가 성남시장 재직 시절 "택지 개발 이익을 환수

하겠다"며 추진한 경기 성남 분당구 대장동 개발사업 이익금 상당
액이 특정 개인이 지분을 100% 소유한 회사에 돌아가면서 정치권
에서 공공 환수 취지가 퇴색된 것 아니냐는 논란이 일고 있다.

1면 기사에서 중요한 부분은 '정치권에서'라는 단어다. 신문사
기자들이 기사를 쓰는 데는 계기가 있다. 계기가 생기면 기자들
은 사내에서 '발제' 과정을 거친다. 발제란 '내가 이런 취지와 전
개로 기사를 쓸 예정'이라고 간략하게 밝히는 절차다. 사내 각 부
서 데스크들은 오전 회의 전에 기자들이 올린 발제를 취합한다.
각 부서에서 올라온 발제는 오전 편집회의에서 기사 가치를 고
려한 경쟁을 거쳐 지면을 할애받는다.

지면 확보 경쟁에서 살아남으려면 무엇보다 발제의 신뢰성이
중요하다. 해당 발제에 담긴 내용이 믿을 만하냐는 것이다. 신뢰
성은 정보의 출처, 즉 소스가 좌우하는 경우가 많다. 대통령실,
검찰, 경찰, 정부 부처, 사회 유력인사 등의 취재원이나 보도 자
료에 근거한 경우 신뢰도가 높다고 판단돼 기사화될 가능성이
높다.

하지만 이 기사는 근거가 부족해 보인다. 이 기사처럼 출처가
'정치권'이라고 애매하게 제시되면 편집회의에서 분명 "소스가
구체적으로 어디냐"라는 질문이 나올 것이다. 대장동 의혹에 대
해 문제 제기한 곳이 '정치권'이라는 모호한 단어로 표현돼 있기

때문이다.

물론 정보원의 신분을 감추고 보호할 필요가 있을 때는 모호한 출처를 쓰기도 한다. 확실한 정보로 판단되지만 어떤 이유로 취재원을 드러내지 않아야 하는 경우 '정치권에 따르면' '관계자에 따르면'이라는 용어를 쓴다. 하지만 정론을 지향하는 언론이라면 출처를 밝히는 게 합당하다. 뉴욕타임스의 경우는 익명의 코멘트를 쓰지 못하게 한다.

당시는 민주당 대선 경선이 한창이었다. 그렇다면 기사의 출처는 '○○캠프에 따르면' '○○인사에 따르면' '국민의힘에 따르면' 등으로 표기해야 맞다. 그런데 '정치권'에서 떠도는 이야기에 근거해 지면을 차지했다. 그것도 신문에서 가장 중요한 1면과 5면 전면을 할애받았다.

그렇다면 이 기사는 발생 기사가 아니라 기획 기사라고 추측할 수 있다. 발생 기사란 어떤 출처에서 나온 기사인 반면, 기획 기사는 기자나 데스크, 편집국에서 문제의식과 의도를 갖고 생산한 기사다. 따라서 대장동은 의도에 의해 만들어진 기획 기사가 아닌지 의심스럽다. 9월 13일자 1면 기사는 5면 톱기사로 다음과 같이 이어진다.

이 때문에 야권에서는 "애초 공공이 환수하겠다는 취지가 다소 퇴색됐다"는 말이 나오고 있다. 성남의뜰 우선주 지분 54%를 보유한 성남도시개발공사는 2019년 1,820억 원을 배당받았지만, 2020년에는 배당을 받지 않았고, 올해는 8억 원만 배당받았다.

이에 대해 이 지사 측은 "공모 등을 거쳐 적법하게 진행됐고 특혜는 없었다"고 했다. 화천대유 측도 "정당한 사업 활동"이라고 했다.

성남의뜰은 2015년 7월 성남시 분당구 대장동 개발사업 시행을 위해 성남시 산하 성남도시개발공사와 공동으로 출자해 만든 특수목적법인(SPC)이다. 화천대유 측은 "당시 3개 컨소시엄이 공모에 참여했는데, 우리는 하나은행이 주도한 컨소시엄에 참여했고 평가 결과에 따라 시행사로 선정됐다"고 했다. 다만 성남시가 "택지 개발 이익을 환수하겠다"고 공언한 것을 감안할 때 성남의뜰에 참여한 화천대유 배당금만 수백억 원대에 달해 지역 정가에서 논란이 불거지고 있다. 화천대유 지분 100%를 보유한 대주주가 지난달 말까지 현직 언론인으로 활동했던 것도 논란이 되고 있다.

5면 기사에서도 정보의 출처는 '야권에서는'이란 모호한 단어로 표현됐다. 앞서 1면에서 '정치권에서'라고 밝힌 출처는 '야권에서'라고 좀 더 구체화됐다.

하지만 이상하다. 당시 야권인 국민의힘 쪽에서 대권 후보로 거론되거나 출마 의사를 밝힌 윤석열, 원희룡, 홍준표, 유승민 등 누구도 대장동 의혹의 '대' 자도 꺼내지 않았다. 그렇다면 대장동 의혹은 다른 야권 인사가 기자에게 은밀히 제보했거나, 다른 출처가 있을 것이라고 추측할 수 있다.

5면 톱기사 제목은 〈이재명 인터뷰한 언론인, 7개월 뒤 대장동 개발 '화천대유' 설립〉이었다. 5면 기사에는 언론인을 'A씨'라고 표현했다. 여기서 'A씨'는 지금은 누구나 다 아는 김만배를 지칭하는 것으로 보인다. 김만배가 이재명을 인터뷰한 뒤 그 친분으로 토건 비리를 꾸민 것처럼 기사를 전개했다.

5면 관련 박스 기사를 보면, 어떻게 조선일보의 '수준 높은' 편집회의를 통과할 수 있었는지 의문이다. 박스 기사의 제목은 〈'화천대유' '천화동인'… 社名에 주역 64괘가 들어간 까닭은〉이다.

성남 대장동 일대 개발사업에 참여했던 업체 '화천대유'와 '천화동인'의 사명(社名)도 독특해 정치권에선 작명을 둘러싼 이런저런 이야기가 나왔다. (중략)

화천대유가 자회사로 설립한 천화동인(天火同人)은 '마음먹은 일을 성취할 수 있다는 운'으로 역술인들은 풀이한다. 여러 사람에게서 도움을 받아 성공할 가능성이 큰 뜻이라고 한다. 이재명 경기지사가 이번 대선 경선 출마 선언 등에서 '대동(大同) 세상'을 핵심 키워드로 제시한 것을 두고 야권에선 "두 회사와 연관 있는 것 아니냐"는 의혹도 제기하고 있다. '대동'이 화천대유와 천화동인에서 한 글자씩 따온 것 아니냐는 것이다. 그러나 이 지사 측은 "대동 세상은 이 지사가 시민운동 할 때부터 중요한 사회적 가치로 생각했던 것"이라며 "특정 회사와 연관 짓는 것은 억측"이라고 말했다.

이 기사는 '팩트'가 아니라 '상상력'에 근거한 것이라는 의심이 든다. 이재명이 즐겨 쓰는 단어인 '대동세상'을 '화천대유'와 '천화동인'과 연결시킨 점이 그렇다. 아무 근거도 없이 '대동이 화천대유와 천화동인에서 한 글자씩 따온 것이 아니냐'라고 의혹을 제기했다.

첫 보도는 왜
9월 13일인가?

조선일보가 대장동 의혹을 첫 보도한 9월 13일(월요일)은 참 절묘한 시점이다. 민주당 대선후보 경선의 최대 분수령인 호남 경선을 2주 남겨둔 때였다. 대선 표심을 좌우하는 추석 연휴를 불과 1주일 남겨둔 시점이기도 했다. 또 1차 선거인단(온라인과 ARS 투표를 선택한 국민선거인단으로 구성) 투표에서 이재명이 압승하며 이재명 대세론이 나왔다.

9월 4일 대전충남에서 시작된 민주당 경선에서 이재명은 승승장구했다. 경선 개시 전 이재명의 열린캠프 관계자들에게는 일말의 불안감이 있었다. 대중 지지율에서는 이낙연, 정세균, 추미애, 박용진 후보를 크게 앞서고 있었지만 당내 입지, 조직력, 세력 면에서는 이낙연, 정세균 후보에 한참 밀리고 있었기 때문이다. 이낙연 후보는 전남지사, 국무총리, 당대표를 역임했고 국회의원도 여러 번 지냈다. 정세균 후보도 국무총리와 다선 의원 출신이다. 반면 이재명은 성남시장과 경기도지사가 정치 경력의 전부인 '변방 장수'였다. 당에서 잔뼈가 굵은 이낙연, 정세균을 따르는 국회의원과 원외 지구당 위원장들이 압도적으로 많았다. 국회의원과 지구당 위원장은 대의원 투표를 좌우할 영향력이 있다.

하지만 9월 4일 대전충남, 5일 세종충북에서 이재명은 50%가 넘는 득표율을 기록했다. 11일 대구경북에서도 50%를 넘겼다. 나와 이재명 캠프 구성원들은 대구경북의 결과를 확인하고는 '이길 수 있겠구나'라고 생각했다. 9월 12일 발표된 강원과 1차 선거인단 투표에서도 이재명은 50%를 넘겼다. 특히 일반 국민을 대상으로 한 1차 선거인단 투표에서 50%를 넘기면서 순회 경선을 통해 '당심'뿐만 아니라 '민심'이 이재명 편이라는 게 드러났다.

이제 남은 최대 고비는 호남 경선이었다. 호남은 민주당의 심장이다. 노무현 전 대통령도 호남 경선에서 이기며 민주당 후보로 돌풍을 일으켰다. 이곳이 고향인 이낙연, 정세균 후보에게 유리한 곳이기도 했다. 호남에서 인정받지 못하면 경선 승리를 장담할 수 없는 상황이었다. 호남의 대의원·권리당원·현장선거인단은 광주전남이 12만 7,000여 명, 전북이 7만 6,000여 명으로 경기도와 서울을 제외하고 전국에서 가장 많았다.

이런 시점에 조선일보가 대장동 의혹을 대대적으로 보도하기 시작한 것이다. 13일은 강원 경선과 1차 선거인단 발표 다음 날로 이재명 대세론이 확산되는 시점이었다. 대세론이 나오기가 무섭게 큰 암초를 만난 것이다.

일주일 후인 20일부터 추석 연휴가 시작됐다. 명절 민심이 선거를 좌우한다는 말이 있다. 이재명 대세론을 꺾을 대장동 의혹이 추석 밥상에 올라오기 좋은 시기였다.

신문사의 단독 기사나 기획 기사의 출고 시점은 월요일이 최적이다. 한 주의 시작인 월요일은 언론 기사에 대한 주목도가 높다. 월요일에 제기한 이슈는 흐름의 끊김이 없이 한 주 내내 이어질 수 있다. 이런 점을 익히 알고 있는 정치권은 이를 역으로 이용하기도 한다. 불리한 내용을 담은 기자회견이나 보도 자료를 낼 때는 언론 주목도가 떨어지는 토요일을 활용하는 것이다.

정리하자면 조선일보는 출처가 불분명한 자료를 바탕으로 민감한 시기에 대장동 의혹을 제기하는 모험을 감행했다. 국내 '1등 신문' 조선일보는 논란의 여지가 많은 대장동 의혹을 처음부터 과감하게 1면에 실었다. 관련 기사도 1개 면 전체를 할애했다. 기자들이 한 면 전체를 쓰려면 많은 준비가 필요하다. 토건 비리에 관한 정보는 꽤나 복잡한데, 오랜 시간 자료를 열심히 모았거나 누군가에게 자료를 받았을 것이라고 추측할 수 있는 부분이다.

민주당 대선 경선의 분수령인 시점, 추석을 앞두고 뉴스의 파급력을 극대화할 수 있는 시점에 빅 이슈를 던진 것이다. 이어 조선일보는 연일 보도를 이어가며 이슈를 키웠다. 대장동 스토리는 시작부터 창대했다.

'대장동 잔혹극'의
원작자는 누구인가?

대선 기간 중 국내 신문 중 발행부수 1위의 영향력을
발휘해 '이재명의 대장동 의혹'을 이슈화한 것은 조선
일보다. 하지만 대장동 관련 첫 보도는 9월 13일의 조선일보보
다 13일 앞선 경기경제신문의 기사다. 2021년 8월 31일 경기경
제신문은 '박종명 기자의 기자수업'이란 칼럼 형식으로 대장동
의혹을 제기했다. 칼럼의 제목은 〈이재명 후보님, ㈜화천대유
자산관리는 누구 것입니까?〉였다.

성남시 분당구 대장동에서 '임금이 난다'는 전설이 있습니다. 성
남 대장동 개발(일명 '성남의뜰')에 참여하기 위해 김 모 씨는 '화천
대유'(火天大有-하늘에서 대지를 비추는 밝은 태양)란 부동산개발자

산관리 회사와 '천화동인'(天火同人卦-'잘못된 세상을 타파하고자 같은 뜻을 가진 사람들이 모여 대동세상을 이룬다')이라는 자회사를 2015년 2월과 6월 짧은 시간에 무려 7개 사를 설립했습니다. 당시, 설립된 지주회사인 '(주)화천대유자산관리'와 자회사인((주)천화동인1호~7호) 7개 사는 '성남의뜰' 개발사업 공모에 참여하기 위해 설립된 회사들로 개발사업 실적이 전무한 회사들이었습니다.

그리고 이 회사들은 성남시에서 지난 2018년 수의계약을 통해 대규모의 대장동의 택지를 계약하고 이 용지들은 대우건설 및 포스코 건설에 매각해 3,000억 원대의 수익을 냈습니다. 또한 일반 시민들에게도 분양해 3,000억 원대의 수익을 올려, 무려 6,000억 원의 막대한 수익을 창출했습니다. 최근에는 다른 필지를 하나 투자신탁에 위탁해 시행을 진행하고 있는데 여기서 발생하는 수익도 천문학적 금액이 될 것으로 예상됩니다. 개발사업 시행관리 실적이 전무한 신생 업체가 대규모의 개발사업의 토지를 수의계약으로 불하받았다는 사실만으로도 각종 특혜 의혹에 휩싸일 수밖에 없습니다.

이와 관련해 익명의 제보자는 본지에 "성남의뜰'이라는 회사가 대장동 사업에 진행하는 개발사업에 (주)화천대유자산관리회사가 참여하게 된 배경을 두고 그 이면에 더불어민주당 대권 후보인 이재명 경기도지사(당시 성남시장)의 비호가 있었기에 가능했다는 의혹의 입소문이 떠돌고 있다"며 투고해왔습니다.

제보자는 "지난해 금융감독원 공시자료에 따르면 (주)화천대유자산관리회사에 배당된 금액만 998억이며 성남의뜰에서 얻은 지난 2년간의 배당 받은 금액은 642억 원에 달합니다. 이 중에 김

모 씨로 추정되는 최대주주에게 473억 원이 대여됐습니다. 과연 이 많은 돈을 김 모 씨는 어디에 사용 했을까요?"라고 의문을 제기했습니다.

이어 제보자는 "시민들은 이재명 후보가 몸통이 아니라고 믿고 싶어 합니다. 이재명 후보가 내세우는 공정과 정의 그리고 성과의 깃발에 국민들은 환호합니다. 하지만 거짓을 진실로 현혹시켜 판단을 마비시킨다면 이것에 대한 폐해는 온전히 국민에게 돌아갑니다. 민주당이 더 망가지지 않도록 대선후보로서 정직한 답변을 기대합니다. 민주당이 다시 집권하기 위해서는 후보의 용기도 필요하다"는 점을 강조했습니다.

마지막으로 제보자는 이명박 후보에게 "BBK는 누구 것입니까?" 물었던 상황과 이재명 후보의 "(주)화천대유자산관리는 누구 것입니까?"라는 질문이 겹치지 않기를 바란다고 했습니다.

이 칼럼에는 '대장동으로 이재명 죽이기'의 전말을 밝힐 수 있는 단서가 담겨 있다. 우선 칼럼은 제보를 받고 쓴 발생 기사다. 칼럼을 쓴 기자가 밝혀낸 사실이 아닌, 누군가가 알려준 사실이 담겨 있다. 제보자가 건네준 자료에는 꽤나 자세한 내용이 담겨 있음을 알 수 있다. 금융감독원 자료를 인용해 대장동 사업의 수익 등 구체적인 숫자를 제시했다.

제보자는 '이명박의 BBK=이재명의 화천대유'라는 프레임 씌우기 전략도 제시했다. 이재명에게 부패한 이명박과 같은 이미지를 씌운 것이다. BBK 실소유주 문제는 18대 대선 기간 내내 이명박 후보의 발목을 잡았던 사안이다.

'이재명=부패한 이명박'이란 논리는 조선일보의 대장동 보도가 시작된 직후 이낙연 캠프의 공격 논리가 됐다. 이낙연 캠프 선대본부장인 설훈 의원은 9월 16일 CBS 라디오에 나와 "(이재명 지사와 관련된 의혹이) 대장동뿐 아니고 여러 가지가 지금 있는데 하나씩 나오는 셈이라고 보고 있다"라며 "우리가 MB 때, 이명박 대통령 때 그걸 봤다. 능력 있는 사람이니까 도덕적으로 좀 문제가 있더라도 눈감고 가자, 능력을 보고 가자, 이렇게 판단하고 대통령을 만들었던 것으로 아는데 결국 어떻게 됐나. MB는 감옥에 있다. 이걸 되풀이해야 되겠나? 나는 이건 정말 위험한 일이라고 생각한다"라고 발언했다.

이보다 며칠 앞서 이낙연 캠프의 정무실장인 윤영찬 의원은 기자간담회에서 "만약 (이재명의 변호사비) 대납의 경우라면 상당히 문제가 중대하다"라며 "이명박 전 대통령도 변호사비 대납 문제로 실형을 선고받았던 사례가 있다"고 말했다.

그럼 경기경제신문에 제보한 이는 누구인가? 이재명을 이명박처럼 만들려는 상세 자료와 프레임 전략을 제시한 제보자는 누구인가? 칼럼을 쓴 박종명 기자는 대선 투표일 하루 전인 2022년 3월 8일 페이스북 글을 통해 제보자의 신원을 밝혔다.

저는 성남 대장동 특혜 의혹을 지난해 8월 31일 첫 보도로 기득권 세력이 감춰온 거대한 부정부패 카르텔을 세상에 드러나게 한 경기 경제신문 박종명 기자입니다.

이번 대장동 특혜 의혹 논란의 시발점은 더불어민주당 20대 대통령 후보 경선과정에서 이재명 후보의 "대장동 부정부패를 청산하겠다", "원칙과 상식, 정의와 공정을 바로 세우겠다"는 더불어민주당 경선 후보의 핵심 관계자가 제보를 해줬기에 사실 확인을 거쳐 국민의 알권리와 언론의 본분을 다하기 위해 기자수첩 형식으로 기사를 발행하게 됐습니다. (중략)

제보자는 "더불어민주당 경선 후보 중 한 명이 부정부패 세력과 결탁해 대장동 특혜로 얻은 엄청난 수익금으로 자신의 출세 영욕을 위한 발판으로 삼고 있다"고 말했습니다.

또한 제보자는 "본 제보가 너무 민감해 중앙 언론들이 서로 눈치를 보며 기사화하기를 꺼려하고 있다"고 주장하여 "본지가 비록 경기도 내에서 활동하는 작은 지역 인터넷 매체지만 부정부패의 진실을 알리는 데, 중앙언론, 지역인터넷 언론이 따로 없다"며 어떠한 고초를 겪는 한이 있어도 진실만큼은 국민들에게 알리고 싶다는 심정으로 보도하게 됐습니다. (중략)

분명히 밝히지만 대장동 특혜 의혹은 더불어민주당 당내 경선 과정에서 같은 당 핵심 후보 측에서 이재명 후보가 몸통이라고 제보한 것입니다.

박종명 기자는 페이스북 글에서 제보자를 '더불어민주당 경선

후보의 핵심 관계자' '더불어민주당 당내 경선 과정에서 같은 당 핵심 후보 측'이라고 거듭 확인했다.

페이스북 프로필에 경기언론인협회장이라고 쓰여 있는 박종명 기자는 어떤 인물인가. 그의 페이스북에는 20대 대선 기간 윤석열 후보의 유세를 소개하는 글과 사진이 자주 등장한다. 2022년 5월 10일 대통령 취임식에 초청받아 다녀왔다는 글도 있다. 2022년 지방선거 당시 김은혜 국민의힘 경기도지사 후보와 임태희 경기도교육감 후보 관련 글과 사진도 자주 실었다. 2021년 11월 23일에는 페이스북에 전두환 전 대통령의 죽음에 대해 '죄는 미워도 사람은 미워하지 말라고 들었던 말이 떠오릅니다. 삼가 고인의 명복을 빕니다'라고 썼다. 그의 정치적 성향이 어떠한지 유추할 수 있는 대목이다.

이런 인물에게 민주당 대선 경선 후보 측 핵심 관계자가 대장동 의혹을 제보한 것이다. 경선 승리가 아무리 중요하다고 해도 선을 한참 넘은 행위가 아닐 수 없다.

정리하자면 대장동 의혹의 문제제기는 '민주당 내 대선 경선 경쟁자 측→친국민의힘 성향 언론인→조선일보'로 이어진 셈이다. 민주당 내 인물이 기획하고, 국민의힘 성향 언론인이 의혹을 제기하고, 막강한 영향력과 기획력을 가진 조선일보가 확대 재생산시킨 게 대장동 의혹 제기의 과정이다.

박종명 기자가 제보자에 대해 밝힌 부분 중 눈여겨볼 부분은 '본 제보가 너무 민감해 중앙 언론들이 서로 눈치를 보며 기사화하기를 꺼려하고 있다'라는 문장이다. 그의 말이 사실이라면 제보자는 경기경제신문처럼 작은 매체뿐 아니라 중앙 언론도 찾아갔다는 얘기다. 하지만 그 중앙 언론들은 신빙성이 부족한 제보라 여겨 기사화하지 않았다. 조선일보에도 찾아갔을 수 있다. 그러고 보면 조선일보의 대장동 기사의 소스는 '정치권'이나 '야당'이 아닌 이 제보자의 자료일 수도 있다. 박종명 기자의 기사를 계기로 조선일보가 본격 보도를 시작했다고도 볼 수 있다.

박종명 기자는 이후 한 번 더 제보자에 대해 구체적으로 밝혔다. 2022년 재보궐 선거를 며칠 앞둔 5월 26일 이재명을 비판하기 위해 〈이낙연 핵관, 대장동 특혜 의혹 몸통 '이재명'이라 제보했는데〉라는 '기자수첩' 형식의 칼럼을 통해서다.

최근 인천 계양을 국회의원 보궐선거에 출마한 이재명 더불어민주당 후보(전 대선후보)가 상대로 맞붙은 윤형선 국민의힘 후보와 초 접전 양상이 보이는 여론조사 결과가 발표되고 있습니다. (중략)

본 기자는 성남 대장동 첫 보도기자로 "이번 대장동 특혜 의혹의 시발점은 더불어민주당 경선 과정에서 같은 당 유력 후보 핵심 관계자가 제보하여 보도하였다"고 지난 3월 8일 제 개인 SNS(페이스북)의 글을 통해 사실을 알렸습니다.

당시 제보자는 "더불어민주당 경선 후보 중 한 명이 부정부패 세력과 결탁해 대장동 특혜로 얻은 엄청난 수익금으로 자신의 출세 영욕을 위한 발판으로 삼고 있다"며 "그가 바로 성남시장을 역임하였던 이재명이라"며 분명히 밝혔습니다.

분명히 제20대 대통령 선거 더불어민주당 대선후보 선출 과정에서 이낙연 후보 측 설훈 의원은 "대장동 특혜 의혹과 관련한 제보들을 많이 받았다"며 기자회견 등을 통해 수차례 밝혀왔습니다.

당시 제보된 특혜 의혹들에 대해 이낙연 후보 측에서는 공개적으로 밝히지 않았습니다. 이를 보고 참지 못한 이낙연 핵심 관계자가 원칙과 상식이 통하는 정의사회 구현을 위해서 이를 세상에 알려야 하겠다는 사명감으로 여러 유력 매체에 제보하였지만 기사화되지 못하자 지역 인터넷 매체인 본지에 제보하게 돼 추악한 대장동 특혜 의혹의 민낯이 세상에 드러나게 된 것입니다. (중략)

더불어민주당 이낙연계 핵관조차 대장동 특혜 의혹 몸통이 이재명이라며 사회정의를 위해 이재명의 범죄 행태를 세상에 알려 죗값을 치르게 해야 한다고 제보까지 하였습니다. 그런데 더불어민주당은 이재명 전 대선후보를 인천 계양 국회의원 보궐선거 후보로 내세우고, 당선되면 당대표로 선출하여 윤석열 정부를 견제하겠다는 것에 황당함을 금치 못하게 됐습니다. (중략)

그럼 문제의 제보자는 누구일까? 합리적으로 추론하면 범위를 좁힐 수 있다. 우선 박종명 기자와 안면이 있거나 가까운 인물일 것이다. 박 기자가 경기 지역 언론인인 점을 고려하면 제보자도 같은 지역의 인물일 가능성이 높다. 또한 언론인인 박 기자와 친분이 있다면 언론을 잘 아는 정치인일 수 있다. 대장동 사업에 대해서도 잘 아는 인물일 것이다. 10년 이상 이어진 성남 지역의 대장동 개발사업에 대해 상당한 지식을 가졌을 것이다.

박 기자가 '더불어민주당 경선 후보의 핵심 관계자' '더불어민주당 당내 경선 과정에서 같은 당 핵심 후보 측'이라고 거듭 밝힌 걸 보면 제보자는 거물급일 가능성이 높다. 캠프를 총괄하거나 그에 준하는 역할을 맡은 국회의원급일 확률이 높다.

박종명 기자가 '이낙연 핵관'이라고 했지만 범위를 넓혀서 살펴보는 것이 공평할 것이다. 당시 이재명과 경선을 벌이던 김두관 캠프와 추미애 캠프는 이재명에 호의적이었다. 이광재 후보는 2021년 7월 5일 정세균 전 총리와 단일화에 합의하며 경선에서 빠졌다. 이들을 제외하면 이낙연 캠프, 정세균 캠프, 박용진 캠프가 남는다. 이 중 박용진 캠프에는 현역 의원이 한 명도 없었다.

종합해보면 제보자는 △언론을 잘 아는 △성남 지역 개발사업 등의 역사에 밝은 △이재명 캠프와 경쟁하는 유력 캠프 소속의 △캠프에서 핵심 역할을 맡은 국회의원 급으로 좁힐 수 있다. 박종명 기자의 말을 신뢰한다고 전제한다면, 민주당 내 대선 경선 캠프가 이재명을 꺾기 위해 지역 언론과 중앙 일간지에 의혹을 제기한 것이다.

공격은
집요하고 가혹하게

의혹 제기 보도가 파장을 일으키기 위해서는 공격 대상과 내용이 무엇보다 중요하다. 또한 보도의 강도도 중요하다. 대통령의 비위 문제 같은 주제라면 그 파장을 가늠하기 어렵다. 2016년 박근혜와 관련된 촛불시위 보도에서 우리는 이런 광경을 똑똑히 보았다. JTBC가 보도한 태블릿 PC건은 박근혜의 비위를 의심하지 않을 수 없는 강력한 보도였다.

파장을 일으키기 위해서는 지속성도 중요하다. 영향력이 큰 매체가 관련 보도를 지속하면 대중은 처음에는 믿지 않다가도 '뭐가 있으니 보도하겠지'라는 생각을 갖는다.

9월 13일 첫 보도 이후 조선일보는 이 문제를 집요하게 물고 늘어졌다. 민주당과 국민의힘에서 대장동 보도에 대한 반응이 나오자 조선일보는 기사를 이어갈 명분이 생겼다. 13일 연합뉴스 보도에 따르면, 이낙연 후보는 국회에서 기자들로부터 '해당 사안에 대한 검증이 필요한가'라는 취지의 질문을 받자 "네. 저 자신도 관심을 갖고 주목하고 있다"고 답했다. 또 이낙연은 "언론이 이 문제를 제기했기 때문에, 진실이 드러날 것"이라고 말했다.

윤석열 후보 캠프에서도 바로 반응을 보였다. 윤희석 대변인은 논평을 통해 "거의 모든 과실은 '화천대유'란 회사가 따먹었다"며 "도지사의 특혜 없이 어떻게 이 작은 회사가 막대한 이익을 취할 수 있었겠나. 이 지사는 개발이익 환수가 현저히 축소된 데 대해 정직하게 설명하고, 시민 몫 운운하며 시민들에게 허풍을 떤 데 대해 사과해야 한다"고 말했다. 그러면서 "고위공직자범죄수사처(공수처)는 이 지사와 화천대유 소유주와의 관계, 특혜 의혹에 대해 엄정하게 수사하기 바란다"고 말했다. 조선일보의 보도를 그대로 인용한 수준의 논평이었다.

조선일보의 첫 보도가 나왔을 때 나를 비롯한 이재명 열린캠프 핵심 관계자들은 대장동 문제가 이렇게 커질 것이라고 예측하지 못했다. "이재명의 최대 치적으로 꼽히는 대장동을 조선일보가 홍보해준다"라는 반응도 나왔다. 이런 반응은 2020년 대법원이 대장동에서 5,500억 공익 환수가 이루어진 점을 판결로 인정했기 때문에 나온 것이었다. 열린캠프는 대장동을 이재명의 치적이라고 굳게 믿고 있었기 때문에 문제될 것이 없다고 봤다.

이낙연, 윤석열 등 이재명의 대선 경쟁자들 반응이 나오자 조선일보는 가속 페달을 밟았다. 다음 날도 대대적인 보도를 이어갔다. 정치권이 반응을 보이면서 '기획 기사'는 이제 '발생 기사'가 됐다. 이재명에 대한 의혹에 대해 성토하는 정치권의 목소리를 뉴스에 담으면 됐다.

하지만 조선일보는 첫 보도 다음 날인 14일에도 정치권의 목소리를 담기보다 기획 보도를 이어갔다. 준비를 많이 한 기사였다. 14일자 조선일보 1면에는 〈증권사 이름 내걸고… 배당금 3,400억 받은 '대장동 7인'〉이란 제목의 기사가 실렸다. 4면에는 전면을 할애해 〈화천대유 실소유주와 지인 6명, 정체 숨기고 이례적 신탁〉 〈대장동 개발 핵심, 경기관광公 사장으로 영전〉 〈이낙연 "진실 드러날 것" 野 "공수처가 수사하라"〉 같은 기사를 게재했다.

조선일보가 연일 보도하고 정치권이 반응을 보이며 파장이 커지자 이재명 후보는 14일 대장동 관련 긴급 기자회견을 열었다. 기자회견에서 조선일보의 보도를 조목조목 반박했다.

조선일보의 보도가 악의적이라고 판단한 이재명은 매우 격앙돼 있었다. 이재명은 "조선일보는 민주당 경선과 대한민국 대통령 선거에서 손을 떼라"며 "대선후보자인 저에 대한 건강부회식 마타도어 보도는 공직선거법이 정한 후보자 비방에 해당하고, 선거에 심각한 영향을 미치는 행위"라고 비판했다. 사실 이 표현은 참모들이 사전에 준비한 기자회견문에는 없었던 내용이다. 후보가 직접 추가했을 만큼 조선일보 보도에 대한 감정이 좋지 않았다.

또 "이게 말이 되느냐. 고등교육을 받은 사람이 쓴 게 맞느냐"고 했다. 이어 "해도 해도 너무한 것 아니냐. 언론이 특별히 보호되는 특권을 가지고 가짜뉴스를 만들어 정치적으로 개입하고 특정후보를 공격하고 민주주의를 훼손하는 것은 중범죄 행위"라고 분노했다.

'조선일보는 민주당 경선에서 손을 떼라'는 표현은 고 노무현 대통령이 2002년 4월 6일 민주당 인천경선에서 "동아일보와 조선일보는 민주당 경선에서 손을 떼라"고 한 발언을 인용한 것이다. 노 후보는 "음모론, 색깔론, 근거 없는 모략 이제 중단해달라. 한나라당과 조선일보가 합창해서 입을 맞춰 저를 헐뜯는 것을 방어하기도 참 힘이 든다"며 "지난 10년간 정치하면서 언론에 굽실거리지 않고 당당히 맞서 수구언론으로부터도 철저한 검증을 받아왔다"고 항변했었다.

조선일보의 대장동 의혹 공세는 멈추지 않았고 더욱 거세졌다. 13일 시작된 의혹 제기는 추석 연휴가 시작된 18일까지 이어졌다. 매일 1면과 3, 4, 5면 등 주요 면을 할애해 공세를 이어갔다. 조선일보가 이슈를 만들어 집요하게 끌고 가자 여야 정치인들도 그 자장 안으로 빨려 들어갔다.

15일 김부겸 국무총리는 국민의힘 의원들의 대정부질문을 받고 "(대장동이) 조금 상식적이지 않다"고 말했다. 총리의 발언이 몰고 올 파장을 고려하지 못한 신중하지 못한 발언이었다. 정의당도 이재명 후보의 사과를 요구하고 나섰다. 국민의힘은 16일 대장동 태스크포스^{TF} 첫 회의를 대장동 건설 현장에서 여는 퍼포먼스를 벌였다.

조선일보의 관계사인 TV조선은 9시 메인뉴스를 통해 13일 대장동 관련 첫 보도를 내보냈다. 이후에도 매일 한 꼭지씩 관련 보도를 이어오다 17일에는 단독 보도라며 '경찰, 화천대유 소유주 수상한 자금 흐름 내사 중'이란 제목으로 대장동을 톱뉴스로 다뤘다. 주간조선도 조선일보의 첫 보도를 즈음한 시점에 대장동 보도를 시작했다. 바야흐로 조선일보 관계사들이 총출동해 이재명에 대한 의혹 제기에 나선 것이다.

게이트가 된
대장동

조선일보가 13일 의혹을 제기한 이후 다른 언론들은 일단 대장동 관련 보도를 주저하는 모양새였다. 보수 언론들도 대장동을 둘러싼 정치권의 공방 정도로 정치면에 작은 기사로 실었다. 이른바 조중동 사이에는 타사가 제기한 이슈에 대해 '따라 쓰기'를 꺼리는 문화가 있다. 내가 발굴한 기사가 아닌, 경쟁자가 제기한 이슈를 따라간다는 것은 자존심 문제이기 때문이다.

대장동에 대한 정치권의 공방이 거세지자 중앙일보와 동아일보도 안 쓸 수 없는 형국이 됐다. 일선 취재 기자들은 대개 타사가 제기한 이슈에 대해 '별거 아니다'라는 식으로 보고를 올린다. 웬만하면 뭉개고 싶고 그냥 넘어가고 싶은 게 보통 기자들의 심리다. 하지만 데스크 입장에서는 점점 커지는 이슈를 외면하기 쉽지 않다.

중앙일보는 조선일보 첫 보도가 나온 9월 13일에서 나흘이 지난 9월 17일자부터 대장동을 대대적으로 보도했다. 〈화천대유, 대장동 땅 싸게 사 2,352억 남겼다〉라는 1면 톱기사를 게재했다. 3면과 4면, 2개 면을 할애해 조선일보가 주도한 대장동 이슈를 다뤘다.

중앙일보가 보도 경쟁에 가세하자 동아일보도 이튿날인 9월 18일부터 1면에 대장동을 쓰기 시작했다. 〈천화동인 1~7호 대표 2명, 박영수 前특검이 일했던 로펌 변호사〉란 제목의 기사가 1면에 등장했다. 기사는 2면 일부와 3면 전면에 걸쳐 펼쳐졌다. 중앙일보, 동아일보 입장에서 대장동 의혹은 이제 게이트급 이슈가 됐음을 의미했다.

다만 조중동의 초반 보도를 보면 조선일보가 13일 첫 기사부터 대장동 사업의 석연치 않은 점과 이재명을 연결시켜 보도한 반면, 중앙일보와 동아일보는 사업 자체의 문제점을 짚는 조심스러운 기사를 쓴 점에서 대비된다. 결국 애초부터 조선일보 대장동 기사의 타깃은 이재명이었던 것으로 해석할 수 있다.

한겨레신문은 15일 이재명의 조선일보 보도 반박 기자회견을 실으며 대장동 보도를 시작했다. 6면 박스에 배치된 이 기사의 제목은 〈이재명 "대장지구 모범적 공익사업… 조선일보 선거 개입 말라"〉로 이재명의 반박을 충실히 실었다. 경향신문도 같은 날 〈이재명 "시민이익 환수했다"… 대장동 개발 의혹 반박〉이란 제목의 기사를 4면 정치면에 작게 실었다. 한국일보는 같은 날 〈대장동 특혜 의혹 공세에⋯ 이재명 "5,000억 환수한 공익사업"〉이란 기사를 5면에 게재했다. 적어도 이 시점까지 진보와 중도 언론에서 대장동은 큰 이슈가 아니었다.

그러나 추석 연휴를 지나며 대장동 이슈는 축소되기는커녕 눈덩이처럼 커졌다. 연휴 시작 즈음인 17, 18일 중앙일보와 동아일보가 대장동 보도 경쟁에 가세하자 다른 언론들도 대장동 프레임 속으로 빨려 들어갔다. 한국일보는 추석 연휴 직후인 23일자 1면과 4면 전면에 걸쳐 화천대유 의혹이란 주제로 대장동을 대대적으로 보도하기 시작했다. 경향신문은 23일자 5면에 〈국민의힘 "대장동 특검·국조 촉구"⋯ 국감서도 총력전 예고〉라는 제목의 톱기사를 게재했다. 이제 대장동 보도는 변수가 아닌 상수가 돼버렸다. '대장동=이재명 의혹'이란 프레임이 언론에서 먹혀들기 시작했다.

이렇게 되자 이재명 후보 입장에서는 대응을 안 할 수 없었다. 대장동 이슈는 때리면 때릴수록 커지는 괴물이 됐다. 억울한 마음이 컸던 이재명은 추석 연휴 기간에 SNS를 통해 적극 대응에 나섰다. 해명과 입장이 담긴 글을 7건이나 올렸다.

이에 대해 경향신문은 24일자에 '악의적 언론은 가짜뉴스로 선량한 국민들을 속여 집단학살을 비호하는 정신적 좀비로 만들었다. 그 죄는 집단학살범죄 그 이상'이란 이재명의 SNS 표현을 문제 삼으며 〈다시 거세진 이재명의 입〉이란 제목의 부정적인 기사를 게재했다. 경향은 같은 날 5면에 〈대장동 개발 특혜 의혹〉이라는 문패를 달아 대대적으로 대장동을 보도했다. 5면 톱 기사 제목은 〈대장동 개발사업에 수백억 투자한 개인 3은 누구 인가〉였다. 한겨레신문도 24일 〈고발 사주 묻히고 이재명 흔들 리고… 방어 나선 여당〉이란 제목의 톱기사를 실으며 대장동을 3면 전면에 걸쳐 다뤘다.

관망세였던 방송들도 보도 경쟁에 뛰어들었다. KBS는 23일 9시 뉴스에서 톱뉴스를 비롯해 다섯 꼭지나 할애해 대장동을 대대적으로 보도했다. 톱뉴스는 〈"이재명 깊숙이 관여" 野 합동 특검·국정조사 요구서 제출〉이었다. "적반하장 이재명, 대응 고심… 호남 경선 파장"이라는 제목의 뉴스가 뒤따랐다. '호남 경선 을 앞둔 이재명의 위기'라는 프레임이 먹혀들기 시작한 것이다. SBS도 8시 뉴스 26일 방송부터 대장동 관련 보도를 네 꼭지나 올 리며 가세했다.

언론의 지속적 보도가 어떤 힘을 발휘하는지 우리는 이미 여 러 차례 목격했다. 박근혜 탄핵 촛불혁명, 문재인 정부 당시 조국 전 법무부 장관 논란 등이 그렇다. 촛불혁명 당시에는 보수 종편 까지 가세해 몇 달 동안 의혹 보도가 이어졌다. 언론의 융단 폭격 으로 촛불시위는 동력을 유지할 수 있었다. 처음에는 탄핵을 머 뭇거리던 민주당도 언론 보도와 집회가 이어지자 용기를 냈다.

조국 법무부 장관 때도 언론은 수개월에 걸쳐 의혹 보도를 이 어갔다. 처음에는 조 전 장관을 옹호하던 이들도 언론 보도가 이어지면서 "뭔가 있는 것 아니냐"고 의심하기 시작됐다. 긴 매에는 장사가 없다. 삼인성호三人成虎라고, 세 사람만 거짓을 공모하면 없는 호랑이도 만들어낼 수 있다. 하물며 유력 언론들이 오랜 기간에 걸쳐 의혹을 제기하면 이를 믿지 않을 도리가 없다.

한국언론진흥재단의 뉴스 검색 프로그램 '빅카인즈'를 통해 검색해보니, 조선일보가 대장동 의혹을 처음 보도한 2021년 9월 13일부터 2021년 10월 13일까지 한 달간 전 언론사에서 쏟아진 대장동 관련 기사는 총 1만 4,391건에 이른다.

1만 4,391건은 2019년 조국 전 장관 논란 당시와 거의 같은 수치다. 한국언론진흥재단에서 발간하는 월간지 《신문과방송》에 실린 정재관 건국대 디지털커뮤니케이션연구센터DCRC 책임연구원의 자료에 따르면, 2019년 9월 1일~2019년 10월 1일 한 달간 조국 전 법무부장관 관련 총 기사 수는 1만 5,929건이었다. 전 언론이 조국에 가한 융단 폭격을 이재명에게 똑같이 퍼부은 셈이다.

조선일보가 한 달간 생산한 대장동 기사는 무려 1,132건(조선닷컴 검색 기준)이다. 전 언론사의 대장동 기사 중 10%를 조선일보가 쓴 것이다. 대장동 첫 보도가 나온 이후 2년이 지난 2023년 9월 현재, 조선일보가 쓴 대장동 관련 기사는 6,882건에 이른다. 하지만 아직까지도 대장동 관련 재판에서 이재명이 토건 세력과 모의했거나 돈을 받았다는 증거는 전혀 나오지 않았다. 370회가 넘는 압수수색에도 검찰은 제대로 된 증거를 제시하지 못했다.

반면 인터넷 매체 뉴스버스가 윤석열 전 총장의 고발 사주 기사를 처음 실은 2021년 9월 2일~10월 2일 한 달 동안 빅카인즈에서 검색된 '고발 사주'와 관련 기사는 6,003건이었다. 대장동 의혹 기사 1만 4,391건의 절반도 안 된다. 언론이 윤석열 관련 의혹에 비해 이재명에게 얼마나 가혹했는지 확인할 수 있는 부분이다. 또한 고발 사주 의혹이 제기된 지 11일 만에 대장동 의혹이 제기되면서 고발 사주 의혹을 덮은 부분도 있다. 언론 환경이 기울어진 운동장이라는 것을 대장동 사건에서도 확인할 수 있다.

호남에서의
지지율 급락

언론이 사건을 게이트 급으로 키우기 위해서는 '지속적으로 충분히 쓰기'가 중요하다. 지속성은 매일 쓰는 것이고, 충분성은 중요 지면에 다량으로 출고하는 것을 의미한다. 2021년 9월 13일 조선일보는 대장동 첫 보도 이후 이런 기조를 이어갔다. 다른 언론들은 이를 따랐다.

2021년 9월 추석 연휴가 끝나자 한겨레신문도 대장동 보도 분량을 늘리기 시작했다. 2021년 9월 23일자 6면 전면에 걸쳐 대장동을 다뤘다. 한겨레는 〈국면 전환 노린 야 "대장동 개발 의혹 특검·국조" 총공세〉란 톱기사를 실었다. 24일부터는 화천대유의 문제점을 지적하는 기사를 1면에 내고 3, 4, 5면에 걸쳐 관련 기사를 게재했다. 일간 신문이 1면과 3~5면에 걸쳐 기사를 다루면 그 사안은 게이트 급이라는 얘기다. 이날부터 한겨레의 논조는 그동안 여야의 정치 공방을 조심스럽게 중계하는 입장에서 의혹 해소가 필요하다는 쪽으로 바뀌었다. 이제 대부분의 언론이 대장동 프레임에 빠져들었다.

24일자 한겨레에는 눈에 띄는 기사가 실렸다. 제목은 〈대장동 의혹에 호남 민심도 출렁… 이재명-이낙연 쫓고 쫓기는 접전〉이었다.

> 더불어민주당 호남 지역 순회 경선이 다가오면서 이재명 경기지사와 관련된 '대장동 개발사업 특혜 의혹'에 호남 표심이 출렁이고 있다. 〈매일경제〉·〈엠비엔〉(MBN) 의뢰로 알앤써치가 실시해 23일 발표한 여론조사에 따르면 민주당 대선후보 적합도 조사에서 이재명 지사는 34.2%, 이낙연 전 대표 30.2%로 오차범위(신뢰수준 95%, 표본오차 ±3%포인트) 안에서 경합하는 것으로 나타났다. 호남 지역으로 범위를 좁히면, 2주 전엔 이 지사가 48.6%로 이 전 대표(25.4%)를 압도했지만 이번 조사에선 이 전 대표 49.7%, 이 지사 39.1%로 순위가 뒤집혔다.
>
> 대장동 개발 의혹이 전면화한 이후 '쫓기는 이재명, 쫓는 이낙연' 구도는 앞선 여론조사에서도 확인된 바 있다. 한국사회여론연구소(KSOI)가 〈티비에스〉(TBS) 의뢰로 지난 17~18일 실시한 범진보권 차기 대선후보 적합도를 보면, 호남 지역에서는 이 지사 36.2%, 이 전 대표 34%로 치열하게 경합 중이었다. 1주일 전 11.7%포인트(이재명 43.2%, 이낙연 31.5%)였던 두 후보 간 격차가 2.2%포인트로 좁혀진 것이다.

이강윤 한국사회여론연구소장은 23일 한겨레신문과 한 통화에서 "(한국사회여론연구소의) 보수층 응답률이 최근 7개월 동안 최고치였다"고 전제하면서 "이 때문에 전체적으로 여당 지지율이 빠지는 경향을 보였는데 여기에 대장동 논란이 일부 영향을 미치면서 (이재명 후보) 지지율이 더 빠진 것 같다"고 밝혔다. (중략)

이렇듯 조선일보의 집요한 공격과 다른 언론의 따라 쓰기로 지지율 1위를 달리며 승승장구하던 이재명의 기세가 꺾인 사실이 여론 조사 결과로 확인됐다.

다른 조사에서도 이재명의 호남 지지율이 추락하고 이낙연의 지지율이 급등했다. 알앤써치 조사에서는 '이재명 48.6%, 이낙연 25.4%'→'이낙연 49.7%, 이재명 39.1%'로 2주 만에 급격하게 바뀌었다. 한국사회여론연구소KSOI 조사에서는 일주일 만에 '이재명 43.2%, 이낙연 31.5%'→'이재명 36.2%, 이낙연 34%'로 격차가 11.7%p에서 2.2%p로 좁혀졌다.

조선미디어그룹의 조선비즈는 〈與 대선후보 적합도, 이재명 34.2% 이낙연 30.2% 초접전… 호남권 지지율, 이낙연 49.7% 이재명 39.1%〉라는 제목의 기사를 실었다. 제목만 보면 호남에서는 전세가 완전히 뒤집혔고, 전국 지지율도 이재명이 크게 앞서던 상황에서 이낙연과 박빙인 상황으로 바뀌었다고 볼 수 있다.

더불어민주당 호남 순회 경선을 앞두고 이재명 경기지사와 이낙연 전 대표의 지지율이 초접전을 벌이고 있는 것으로 조사됐다.

　여론조사업체 알앤써치가 매일경제·MBN 의뢰로 지난 21~22일 전국 성인남녀 171명을 상대로 실시한 여당 대선후보 적합도 조사(95% 신뢰수준에 표본오차 ±3.0%포인트)에서 이재명 경기지사는 34.2%, 이 전 대표는 30.2%를 각각 기록했다.

　이 지사의 '대장동 개발사업 특혜 의혹'이 불거지고 있는 상황에서 이 전 대표가 격차를 4.0%포인트 줄인 것이다. 지난 9일 발표된 직전 조사에서는 이 지사가 이 전 대표를 오차범위 밖인 13.7%포인트 앞섰다.

　특히 광주·전남·전북 등 호남권 지지율에서는 이낙연 전 대표가 49.7%로, 이재명 지사(39.1%)를 10.6%포인트 차로 제치고 1위에 올랐다. 2주 전 같은 조사에서는 이 지사가 48.6%, 이 전 대표는 25.4%를 기록한 바 있다.

　리서치뷰가 무등일보 의뢰로 지난 20~21일 광주·전남 지역 성인남녀 1,600명(광주 800명, 전남 800명)을 대상으로 실시한 조사(95% 신뢰수준에 표본오차 ±2.5%포인트)에서도 이 전 대표는 40.4%를 기록, 이 지사(38.0%)를 오차범위 내인 2.4%포인트 차로 제쳤다. 이 전 대표의 의원직 사퇴(8일) 이전인 지난 6~7일 실시된 직전 조사에서는 이 지사가 43.1%, 이 전 대표는 36.3%로 이 지사가 6.8%포인트 우위를 보였었다. (중략)

20대의 분노를
공략하라

조선일보의 대장동 보도의 목표는 크게 3가지로 볼 수 있다. ① 20대 표심 흔들기 ② 민주당 내 갈등 유발 ③ 국민의힘에 이재명 공격 재료 제공이다.

천문학적인 수익이 발생한 대장동에서 곽상도 아들과 박영수 딸이 큰 이득을 챙겼다는 보도에 20대는 분노했다. 이재명은 특권층 자녀에게 거액의 부당한 이익을 챙겨준 기득권 부패세력이 됐다. 문재인 정부 시절 부동산 가격 폭등에 상대적 박탈감을 느꼈던 20대 유권자들은 이재명에게 화살을 돌렸다. 조선일보는 2021년 9월 27일 1면 톱으로 〈4,000억 번 화천대유, 대리 성과급이 50억〉이란 제목의 기사를 실었다.

20대 분노 유발 기사의 절정은 조선일보 9월 29일자 〈대장동 패밀리, 강남 수백억 건물주 됐다〉라는 단독 기사였다. 이 기사에는 천화동인 투자자들이 대장동에서 수천억 배당금을 받아 강남 역삼과 신사동 등에 300억 건물 등을 구매했다는 내용이 담겼다. 대장동 일당에게 '조물주 위의 건물주'를 만들어준 이재명에 대한 분노를 폭발시켰다.

경기 성남시 분당구 대장동 개발사업에 참여한 화천대유가 직원으로 근무했던 국민의힘 곽상도 의원 아들(31)에게 퇴직금 명목으로 50억 원을 지급한 것으로 26일 나타났다. 대장지구 개발사업 배당금과 분양 수익 등으로 4,000억 원 이상을 벌어들인 화천대유 측의 구체적인 자금 용처 일부가 드러난 것이다.

정치권에선 화천대유가 거둔 천문학적 수익이 인허가 등 사업 진행 과정에서 정·관계 로비에 사용됐는지를 밝히기 위해 자금 흐름에 대한 수사를 확대해야 한다는 목소리가 커지고 있다. 국민의힘 관계자는 "곽 의원 아들을 포함해 유력 인사들과 그들의 관계인 6명에게 50억 원씩 모두 300억 원이 지급됐다는 제보도 확인 중"이라고 말했다. (중략)

이즈음 갤럽의 여론조사에서 20대의 70%가 이재명이 '(대장동) 의도적으로 개입했을 것'이라고 응답했다. 이는 60대 이상의 응답률 56%보다 높은 수치다. 그만큼 20대의 분노가 컸음을 알 수 있다. 반면 30대는 50%, 40대는 42%였다. 경향신문 자체 조사에서는 40대와 50대를 제외한 모든 연령대에서 이재명의 책임이 더 크다는 응답 비율이 절반을 넘었다. 20대 54.6%, 60대 60.4%, 70대 이상 58.8%였다.

조선일보는 이재명이 민주당 경선에서 승리한 뒤에도 공격을 멈추지 않았다. 주간조선은 여론조사 결과를 공개하며 민주당 대선후보로 확정된 이재명을 공격했다. 주간조선이 10월 11~12일 실시한 조사에서는 대장동 의혹과 관련해 '이재명 후보가 사건에 개입했을 것'이란 물음에 61%가 긍정 응답을 했다.

'20대+60대 이상' vs '30대+40대+50대' 구도 만들기

대장동 보도가 두 달가량 쏟아진 뒤 진행된 여론조사에는 '대장동에 관한 질문'이 포함됐다. 유권자들이 믿거나 말거나 이제 대장동은 대선의 상수가 되어버렸다. 이재명은 민주당 대선 경선에서 승리했지만 주홍글씨를 새기고 본선에 뛰어드는 형국이 됐다.

한국갤럽의 11월 3주차 여론조사에 대장동에 관한 질문이 포함됐다. '당시 성남시장 이재명의 특혜 의도성 인식'이란 항목에서 '특혜를 주기 위해 의도적 개입'이라고 응답한 비율은 55%에 이르렀다.

조선일보는 문재인 정부 시절 86세대의 도덕성을 지속적으로 공격했다. 조국 전 법무부 장관 문제 등 86세대 정치인들을 부패한 집단으로 묘사하는 데 공을 들였다. 이를 통해 20대에게 '86세대는 부패한 꼰대 아버지 세대'라는 이미지를 씌웠다. 20대는 지난 대선을 '꼰대(86세대)와 꼴통(60~70대)의 대결'이라고 표현했다. 이는 조선일보의 86세대 흠집 내기 전략이 유효했다고 해석할 수 있는 부분이다.

역사적으로 보면 20대는 민주당의 표밭이었다. 하지만 이준석 전 국민의힘 대표의 '20대 남녀 갈라치기'와 조선일보의 '86세대에 분노한 20대 만들기' 전략이 더해져 20대는 민주당을 떠났다. 이제 선거 구도는 '20대+60대 이상의 연합' 대 '30대+40대+50대 연합'의 구도가 됐다. 민주당은 과거 '20+30+40+50대 일부'에서 20대라는 큰 우군을 잃어버렸다(선거 막판 20대 여성의 이재명 지지가 폭발적으로 늘었지만 따라잡기에는 시간이 모자랐다).

대장동 의혹에 대해 언론이 한창 기사를 쏟아낼 때인 2021년 10월 4일 경향신문은 대장동이 대선에 미칠 영향을 전망한 기사를 실었다. 경향신문은 이 기사에서 '여야 양쪽으로 드러난 영향력은 현재까지 크지 않다. 민주당 경선 결과가 뒤집힐 가능성은 낮아 보인다'라고 전망했다. 이 전망은 맞았다. 이재명은 민주당 경선에서 50%를 넘기며 결선 투표 없이 대선후보가 됐다. 하지만 본선에서 패배의 쓴잔을 마셨다. 대장동의 벽을 넘지 못했다.

> (중략) 이 지사는 지난 3일 '2차 슈퍼위크'에서도 압승을 거뒀다. 본선 진출 티켓을 거의 손에 쥐었다. 서울·경기 지역 대의원·권리당원 투표와 3차 국민선거인단 투표 등 남은 일정에서도 이 지사 우세가 예상된다. 의혹은 '이재명 대세론'에 균열을 내지 않았다.

오히려 민주당 지지자들이 이 지사 중심으로 결집하는 요인이 됐다는 분석이 많다. 정면 돌파 기조로 야당과 각을 세운 것도 지지층 이탈을 막는 데 일조했다. 검찰 수사결과는 민주당 최종 대선 후보가 뽑히는 오는 10일 전에 나오기 어렵다. 그만큼 영향이 제한적이다. 이 지사가 민주당 최종 후보로 선 뒤에는 당 지지층과 이 지사 결합도가 높아지는 컨벤션 효과로, 지지율이 높아질 수 있다. 문제는 야당 후보와 맞붙는 본선이다. 수사 결과 이 지사 본인이나 주변의 혐의가 수면 위로 떠오르면 표심에 지각 변동이 일어날 가능성을 배제할 수 없다. (중략)

한겨레신문도 2021년 10월 10일 이재명이 민주당 내선후보로 뽑히자 〈대장동 발목 잡혔나, 이재명 턱걸이로 대선후보 확정〉이란 기사를 실었다. 이 기사를 보면 대선 본선에서 대장동이 이재명의 발목을 잡을 수 있다는 뉘앙스를 감지할 수 있다. 한겨레의 분석처럼 이재명이 막판 경선 3차 선거인단 투표에서 이낙연 후보에게 크게 패한 것은 대장동 때문일까? 3차 선거인단 투표 결과에 대해 안민석 더불어민주당 의원은 '도깨비 같은 결과'라고 했지만, 경선 막판 이재명에 대한 불안감이 고조된 것은 부인할 수 없다. 기사에서는 이대로 대선후보로 나가면 윤석열 후보에게 질 수도 있다는 불안감이 느껴진다.

(중략) 이 후보는 이날 서울 송파구 올림픽공원 에스케이(SK)핸드볼경기장에서 열린 서울지역 경선에서 51.45%를 득표해 이낙연 전 대표(36.5%), 추미애 전 법무부 장관(9.91%), 박용진 의원(2.14%)을 누르고 1위를 차지했다. 그러나 함께 공개된 3차 선거인단 투표에선 이낙연 전 대표가 62.37% 득표율로 이재명 후보(28.3%)를 '더블스코어'로 압도했다. 이 후보가 '대세'를 타고 무난히 후보로 선출될 것이라는 예상과 달리, 50.29%로 간신히 절반을 넘긴 것이다. 이에 '대장동 특혜 개발 의혹'이 당심보다 민심에 더 영향을 끼친 것이라는 분석이 나온다. 3차 슈퍼위크 투표율도 순회경선 중 최고치인 81.39%를 기록했다. (중략)

이재명의 '확장성'은
끝나다

대장동 의혹은 20대를 이재명으로부터 등 돌리게 했다. 대장동 의혹의 부정적 효과는 호감도 하락에서 확인할 수 있다. 정치인에게 호감도는 중요한 요소다. 호감을 끌어야 견고한 지지로 이어질 수 있으며 진영을 넘어 확장성까지 기대할 수 있다. 여론조사 업체들이 조사 항목에 호감도를 넣는 이유다.

여야 대권주자들이 잇따라 대권에 출사표를 던지던 2021년 7월 7일, 주간조선에는 흥미로운 기사가 실렸다. 〈이재명 대선주자 1위… 누가 그에게 날개를 달아줬나〉라는 기사에서 보수 매체인 주간조선조차 이재명이 대세라고 평가했다. 대선 레이스가 본격적으로 시작되기 전, 대장동 의혹이 터져 나오기 전 이재명은 이낙연, 윤석열을 압도하는 대권주자였다. 경기도지사로서의 성과를 바탕으로 정권에 실망한 민주당 지지층과 중도층에서도 "일 잘하는 이재명은 좋다"라는 평가가 나왔다. 다음은 주간 조선 기사다.

이제 이재명 경기도지사가 확고한 1등인 걸까. 차기 대선주자 선호도에서 처음으로 이 지사의 지지율이 30%가 넘었다는 여론조사가 나왔다. 여론조사 전문회사 리서치앤리서치가 세계일보의 의뢰로 지난 1월 26~28일 전국 성인남녀 1,010명을 대상으로 차기 대권주자 선호도를 조사한 결과 이 지사는 32.5%로 1위였다. 윤석열 검찰총장이 17.5%, 더불어민주당 이낙연 대표는 13.0%로 그 뒤를 이었다. (중략)

30%대 지지율은 '대세'를 가늠할 수 있는 잣대이며 공당의 대선 후보 자리를 수성할 수 있는 지지율이다. 2017년 민주당 상황을 되짚어보자. 당시 문재인-안희정-이재명 3인의 당내 경선이 치열하게 펼쳐졌다. 안희정-이재명 후보는 쫓는 쪽, 반면 지지율 1위 문재인 후보는 지키는 쪽이었다. 추격해오는 후보들의 지지율 상승은 문 후보 캠프에 위기였다. 그들이 내세운 전략의 핵심은 이거였다. (중략)

여권 전체 대표선수로서 이재명이 갖는 한계는 2020년을 기점으로 많이 바뀌었다. 지난해 12월 17일 여론조사 전문업체 4곳이 공동으로 실시하는 전국지표조사(NBS)는 주요 대선주자의 호감·비호감도를 물었다. 그런데 호감도 조사에서 이재명 지사가 52%, 이낙연 대표는 43%를 얻었다. '호감 가지 않는다'는 응답은 이 지사가 39%, 이 대표가 49%를 얻었다. 마진을 따지면 이 지사는 호감도가 더 높은 정치인, 이 대표는 비호감도가 더 높은 정치인이 됐다. 과거 '이재명 리스크'를 생각하면 엄청난 인식 변화다. (중략)

중도 성향의 한국일보도 2021년 6월 11일 〈이재명 호감도 49%로 1위, 문 대통령보다 높았다〉라는 기사를 냈다. 이 기사에 따르면 이재명은 거론되는 대선주자들은 물론이고, 문재인 대통령을 포함한 여야 정치인 17명 중 호감도가 비호감도를 앞선 유일한 정치인이었다.

지난달 25~27일 실시한 한국일보·한국리서치의 여론조사에서 차기 대선주자로 거론되는 여야 지도자들을 대상으로 '얼마나 호감이 가는가'를 물은 결과, 이 지사는 49.0%의 호감도를 얻어 1위를 차지했다. 여야를 통틀어 이 지사는 유일하게 호감도(49.0%)가 비호감도(41.5%)보다 높았다. 이 지사에 이어 윤 전 총장과 오 시장이 각각 35.6%를 기록했다.

문 대통령을 포함해 여당 7명, 야당 7명, 아직 정당에 속하지 않은 윤 전 총장, 김동연 전 경제부총리 겸 기획재정부 장관, 최재형 감사원장 3명 등 총 17명의 지도자를 대상으로 했다. (중략)

진보층과 중도층에서는 이 지사가 강세를 보였다. 진보층이라고 밝힌 응답자 중 69.8%가 이 지사에게 호감을 보였다. 문 대통령(70.7%)에 이은 것으로, 현 정부와 민주당을 지지하는 유권자들로부터 유력 대선주자로서 평가받고 있는 것으로 해석할 수 있다. 이어 이 전 대표(52.3%), 심 의원(50.5%), 정 전 총리(43.3%), 추 전 장관(41.1%) 순이었다.

내년 대선에서 캐스팅보트로 꼽히는 중도층에서도 이 지사의 호감도는 48.3%로 가장 높았다. 야권 유력 대선주자로 꼽히는 윤 전 총장(35.3%)과 오 시장(33.7%)이 뒤를 이었지만 1위인 이 지사와 격차를 보였다.

지난해 총선에서 민주당을 지지했으나 현재는 지지하지 않는 이른바 '민주당 이탈층'의 고민도 확인됐다. 민주당 이탈층 중 내년 3월 대선에서 '야당 후보를 지지하겠다'는 응답은 40.2%로 '여당 후보를 지지하겠다'는 응답(17.6%)보다 많았다.

그러나 이들은 여야 대선주자 호감도 조사에서는 절반이 넘는 57.7%가 이 지사에게 호감을 표했다. 정부·여당에 등을 돌렸지만 강성 친문재인계의 비토 정서가 남아 있는 이 지사에 대한 거부감은 상대적으로 적은 것으로 이해할 수 있다. 이 지사에 이어 심 의원(38.0%), 이 전 대표(30.4%), 윤 전 총장(29.0%), 오 시장(28.6%) 순으로 호감을 보였다.

대선 레이스가 시작됐지만 대장동 의혹이 보도되기 전인 2021년 8월 16일 KBS가 발표한 여론조사에서도 이재명의 호감도는 다른 후보들을 압도했다. 이재명은 48%로 1위였고, 이낙연은 41.4%, 윤석열은 39.3%로 집계됐다. 비호감도 조사에서도 이재명은 48.4%

로 윤석열(55.7%)과 이낙연(54.1%)보다 좋은 결과를 얻으며 각광을 받았다.

하지만 2021년 9월 13일 조선일보의 첫 대장동 의혹 제기 이후 융단폭격식의 보도가 이어지면서 이재명의 호감도는 급락했다. 2021년 11월 5일 한국일보는 〈뽑을 사람 없는 '비호감 대선'… 이재명만 호감도 떨어졌다〉는 기사를 게재했다. 이 기사에 따르면 이재명의 호감도는 37%였다. 6월 11일 같은 한국일보 조사 결과의 49%와 비교하면 두 달도 안 돼 12%p나 급락했다. 당시 야권 주자였던 홍준표는 47%, 윤석열은 41%, 유승민은 39%로 모두 이재명을 앞섰다. 비호감도 조사에서도 이재명은 60%로 원희룡(57%), 윤석열(56%), 유승민(56%), 홍준표(51%)에게 모두 뒤졌다.

이재명은 2021년 10월 10일 민주당 대선후보로 뽑히고도 후보 확정을 통한 지지층 결집과 인지도 상승 효과는커녕 야권의 모든 후보들에게 밀리는 형국이 됐다. 대세론은 사라지고 민주당은 확정된 후보를 걱정해야 하는 상황에 이르렀다. 이런 급격한 상황 변화는 대장동 보도의 영향 이외에는 설명할 수 없다.

한국일보는 '이재명 민주당 후보의 호감도에는 빨간불이 켜졌다. 국민의힘 대선주자들은 호감도가 조금씩 상승한 반면, 이 후보만 유일하게 하락해서다'라고 분석했다. 대장동이 이재명의 대선 확장성을 닫아버린 것이다. 민주당 지지층은 이재명의 대장동 의혹에 대한 해명을 믿었지만 중도층은 그렇지 않았다. 이재명은 진보 진영 내에 갇힌 후보가 돼버렸다.

정의당의 대장동 공격
진보 연대의 균열

민주당 대선후보로 먼저 확정된 이재명은 국민의힘 주자들보다 본선을 먼저 준비할 시간을 벌었다. 하지만 대장동 대응에 바빠서 벌어놓은 시간은 의미가 없어졌다. 경기지사 직책을 내려놓고 선거에 대비해야 할 시간에 '대장동 국정감사'를 준비했다. 경기 도정에서 거둔 성과를 부각하며 아름다운 마무리를 하려던 국감장은 전쟁터가 됐다.

캠프 내에서는 대선후보로 선출된 마당에 굳이 경기도 국감을 치를 필요가 있느냐는 지적이 나왔다. 국감에서 국민의힘이 대장동 이슈를 집중 부각할 것이 뻔했기 때문이다. 2020년 경기도 국감에서도 김용판 의원이 도정과 상관없는 '형제 간 욕설' 문제를 지적하는 등 오로지 대선주자 이재명 홈집 내기에 몰두해온 국민의힘이 아니던가. 국감 전에 도지사 직을 사퇴해 곤란한 상황을 피해가는 것이 합리적이라는 주장도 제기됐다. 하지만 그런 식으로 대장동 공격의 예봉을 피해가는 것은 이재명 스타일이 아니었다. 오히려 그는 국감을 대장동 의혹 대국민 반박 기회로 삼는 정면 돌파를 선택했다.

2021년 10월 18일 시작된 국감에서 국민의힘 의원들은 총공격에 나섰다. 김도읍 의원은 "'그분' 이전 시절에는 기업에서 돈 뜯어 쓰는 시대였다. 그분의 시대는 인허가권과 작업조를 이용해서 1조 원이라는 돈도 만들어 쓰는 시대로 만들었다"고 주장했다. 그분은 이재명이었다.

서범수 의원은 "여론조사를 보라. 대장동 개발사업 책임은 이재명에게 있다가 61%, 대장동 개발사업 특검 도입이 필요하다 61.3% 등 많아지고 있다"고 주장했다. 김용판 의원은 이재명의 '조폭 연루설'을 제기해 장내를 소란하게 만들었다.

심상정 정의당 의원마저 이재명을 공격했다. 심상정 의원은 "이 지사님께서는 작은 확정이익에 집착해서 이거라도 얼마냐, 큰 도둑에게 다 내어주고 작은 확정이익에 집착하는 것 같다"고 비판했다. 이에 대해 이재명은 "작은 확정이익이라고 하는데, 5,500억 원을 작은 확정이라고 한다는 점은 동의할 수가 없다"며 "지방행정기관에서 민관합동개발로 천억 단위로 (공익을) 환수한 사례가 없다. 20년 넘도록 전국에서 도시개발사업으로 개발 부담금을 환수한 금액은 1,700억 원밖에 안 된다"고 맞섰다. 또한 이재명은 "민간개발을 했더라도 공익 환수를 하나도 하지 못했을 것이고, 실제 권한을 가진 중앙정부와 당시 성남시의회가 반대해서 공공개발을 못 하는 상황에서 어떤 의사결정을 했어야 하는지, 그때의 상황을 판단해달라"고 반박했다.

심상정 의원의 이런 공격은 예고된 것이었다. 심 의원은 대장동 보도가 나온 초기인 2021년 9월 23일 대장동과 관련해 기자회견을 열고 "그동안 저는 이 지사의 해명을 주의 깊게 지켜보았다"며 "'대박 로또'로 불렸던 판교신도시 인근 개발사업이라 당연히 천문학적 이익이 예상되었음에도 일정액까지만 확보하고 그 이상의 이익 배분을 포기했다면, 그것은 철저히 무능했거나, 완전히 무책임했거나, 그것도 아니면 배임 논란이 뒤따를 수밖에 없다"고 주장했다.

심상정 의원의 공격은 아팠다. 그의 공격으로 대선에서 민주당-정의당 연대는 사실상 물 건너갔다. 물론 민주당과 정의당의 관계는 2020년 21대 총선의 비례위성정당 문제로 최악인 상황이었다. 하지만 경기 고양 갑이 지역구인 심 의원은 이재명 경기도지사의 우군이었다. 기본주택 같은 부동산관련 정책에서 보조를 맞추는 등 좋은 관계를 이어왔다. 대장동 의혹이 불거지지 않았다면 심상정 의원이 이재명을 공격할 명분도 약했을 것이다. 이재명이 김동연뿐 아니라 심상정과도 후보 단일화에 성공했다면 대선 결과는 달라졌을 것이다.

한편 민주당 의원들은 국감에서 이재명 엄호에 나섰다. 이해식 의원은 "사전이익 확정 방식으로 대장동과 성남1공단 공원화

비용 및 임대주택부지 등에서 총 4,383억 원을 환수하고 2017년 부동산값이 들썩거리는 시점에서 다시 추가로 대장동에 터널공사 등을 환수했다"며 그 과정을 물으며 이재명에게 개발이익 환수 성과를 설명하도록 했다. 박완주 의원은 "부산 엘씨티 면적은 2만 평이고, 성남(대장동)은 30만 평이며 사업기반도 비슷하다. 2조 원이다. 그런데 제일 중요한 공공환수 부분에서 부산 엘씨티는 0원이다. (개발이익이) 1조 원 추정인데"라며 엘시티와 대장동을 비교하며 이재명의 성과를 부각했다.

국감에서 이재명은 국힘의 논리에 맞서 대장동 문제를 논리적으로 설명하는 성과를 거뒀다. 국감이 끝나자 이재명이 잘했다는 평가가 많았다. 하지만 이런 성과에도 국감은 '대장동 프레임'을 강화했다. 온 국민이 경기지사로 나온 이재명이 대장동에 대해 해명하는 광경을 지켜봤다. 이재명과 대장동이 뗄 수 없는 상수가 되는 상황은 더욱 공고해졌다.

'대장동 속편'
이어지는 공격

이재명과 비리를 연관시키는 기사는 대장동에 그치지 않았다. 조선일보는 9월 25일자에 〈유동규·남욱 '대장동 수익모델', 2013년 위례에서도 써먹었다〉라는 제목의 기사를 게재했다. 대장동 일당이 위례에서 돈을 벌어 대장동에서 판을 키웠다는 게 기사의 요지다. 이른바 대장동 속편의 시나리오가 시작된 것이다.

2015년 본격 추진된 경기 성남 대장동 개발사업에 투자자로 참여해 1,000배가 넘는 수익을 거둔 천화동인 1~7호 소유자 7명 중 2명이 2013년 성남 위례신도시 개발사업에도 대장동 사업과 유사한 방식으로 참여한 것으로 24일 나타났다. 성남시가 대장동 개발사업을 추진할 때 핵심 역할을 한 것으로 지목된 유동규 전 성남도시개발공사 기획본부장도 2013년 위례신도시 사업에 관여한 것으로 알려졌다.

9월 27일에는 조선비즈가 김기현 당시 국민의힘 원내대표의 발언을 기사화했다. 김기현은 "위례신도시는 대장동의 축소판"이라며 이재명은 특검을 받으라고 발표했다. 김기현 주장의 요지는 '두 사업의 공통분모가 당시 성남시장이었던 이재명이다' '특혜 이익금의 원인이 담당자의 배당 설계이다' '이재명 스스로 사업 설계를 했다고 밝혔다' 등이다.

월간조선은 10월 5일 인터넷에 올린 기사에서 성남 백현동에서도 민간사업자의 천문학적 개발이익이 났으며, 당시 구역 지정 결정 및 고시권자는 성남시장이었던 이재명이라고 주장했다.

검찰이 경기 성남시 대장동 개발사업 특혜 의혹을 수사 중인 가운데 같은 성남 백현동에도 부동산 개발 민간사업자가 논란 속에 막대한 수익을 올린 사례가 있었다고 〈시장경제〉〈중앙일보〉 등이 보도했다.

보도들을 보면 대장동 아파트들과 비슷한 시기에 사업이 진행돼 올 6월 입주한 성남시 백현동 '판교 A아파트(전용면적 84㎡ 이상 1,223가구)'다. 이 '백현동 프로젝트'를 추진한 B민간사업자(특수목적금융투자회사·PFV)의 감사보고서상 분양이익은 3,000억 원에 육박한다.

보도에 따르면 지구단위계획하에 진행된 이 사업은 성남시장이 구역 지정 결정 및 고시권자이고, 당시 성남시장은 이재명 현 경기도지사다. 민관 합동으로 개발된 대장동에서는 공공이 확정이익을 얻었다지만 민간의 개발이익이 과도해 문제가 됐다. 백현동은 공공이 빠진 민간개발사업이다.

민간사업자 B는 2015년 2월 한국식품연구원과 수의계약을 거쳐 해당 부지(11만 2,861㎡)를 2,187억 원에 매입했다. 당시 대부분 토지(10만 1,014㎡)의 용도는 자연녹지였다. B사도 자연녹지 가격으로 감정평가 받은 가격에 매입했다.

그런데 7개월 뒤인 2015년 9월 성남시는 이 부지의 용도를 준상업지와 비슷한 '준주거지'로 상향조정했다. 준주거지로 바뀐 뒤의 감정평가금액은 4,869억 원으로 배 이상 상승했다.

성남시가 용도 변경을 해준 이유는 한국식품연구원의 '공공성 확보 위한 임대아파트 건립' 때문이었다. 그러나 임대아파트 건설이란 공익은 1년여 만에 사라졌다. 이 부지의 매각 과정을 감사한 감사원 감사보고서에 따르면 한국식품연구원은 성남시에 임대주택을 일반 분양으로 바꿔달라는 취지의 공문을 2015년 11월부터 2016년 12월까지 모두 24차례나 보냈고 성남시는 2016년 12월에 일반 분양으로 계획을 바꿨다.

한국식품연구원은 부지를 매각한 이후라 이런 요청을 할 이유나 권한이 없었지만 B사 대신 공문을 보낸 것이다. (중략)

결국 조선일보가 제기한 백현동 관련 의혹으로 이재명은 기소됐다. 구속영장이 청구됐으나 기각되는 일도 겪었다. 백현동 민간사업자에게 인허가 특혜를 몰아줘 성남도시개발공사에 200억 원 이상의 손해를 끼친 혐의(특정경제범죄가중처벌법상 배임)로 검찰은 이재명을 기소했다.

조선일보의 보도는 그대로 윤석열 후보의 공격 무기가 됐다. 윤 후보는 10월 17일 페이스북에 백현동 의혹을 언급하며 "이재명 후보의 배임 행각은 '상습적'이다. 지역을 옮겨가며 같은 수법을 되풀이하고 있다"고 말했다. 대장동에 이어 백현동에서도 의혹이 터졌다는 의미다. 윤석열 후보가 백현동 의혹을 언급하자 조선일보는 10월 18일자로 사설까지 썼다. 사설의 제목은 〈대장동 판박이 '백현동 개발'도 이상하다〉이다. 조선일보와 윤 후보가 이슈를 주고받으며 키워간 모양새다.

조선일보는 10월 20일자에는 단독 기사라며 〈백현동 녹지에 아파트 짓게⋯ 이재명, '용도 4단계 상향' 직접 결재〉라는 기사를 실었다. 이 기사는 대장동에 이어 백현동 사업에 대한 특혜 의혹이 제기된 가운데, 이재명이 백현동 한국식품연구원 부지 11만 2,860㎡를 '녹지지역'에서 '준주거지역'으로 용도 변경하고자 한다는 성남시 도시주택국 보고서에 직접 서명한 것으로 19일 확인됐다고 주장했다. 본문만 1,900자에 이르는 긴 기사에서 이재명 측의 반론은 139자에 그친다. '이에 대해 이재명 캠프 측은 "백현동 지구 부지의 용도 변경은 박근혜 정부의 국토교통부가 독려했고 한국식품연구원이 주도한 것"이라면서 "김씨는 2006년 당시 이재명 후보의 선대위원장을 지낸 건 맞지만, 이후 이 지사와 멀어진 걸로 안다"고 반박했다'가 기사에 실린 반론의 전부다. 반론이 부족한, 형평에 맞지 않는 기사다.

대장동에 이어 위례, 백현동 의혹의 제기는 '이재명=토건 비리세력' '이재명=부패 정치인'이라는 이미지를 강화시키기 위한 것이었다. 한 번도 아니고 두 번째, 세 번째 의혹 제기로 이재명은 더욱 궁지에 몰렸다. 여기에 대북 송금, 변호사비 대납 의혹 등이 더해졌다. 조선일보는 이재명에 대해 대중에게는 부정적 이미지를, 검찰에는 수사 거리를, 다른 언론에는 기사 소스를 공급했다.

대장동에 묻힌
고발 사주 의혹

대장동 의혹은 이재명에게 치명타를 가했다. 유능하며, 부패와 싸워온 인권변호사 출신 이재명을 이명박과 같은 파렴치범으로 만들었다. 기득권 세력의 프레임 씌우기 전략은 확실한 효과를 거뒀다.

대장동 의혹 제기는 '이재명 죽이기' 효과뿐 아니라 '윤석열 살리기' 효과를 가져왔다. 일석이조의 한 수였던 셈이다. 대장동 의혹이 전 언론에 도배되기 전 정국의 최대 이슈는 고발 사주 문제였다. 인터넷 매체 뉴스버스는 조선일보가 대장동 첫 보도를 내보내기 불과 11일 전인 2021년 9월 2일 고발 사주 의혹을 처음 보도했다. 당시 윤석열 국민의힘 예비후보가 검찰총장으로 재직하던 때인 2020년 검찰이 총선을 앞두고 미래통합당 측에 범여권 측 주요 인물들에 대한 형사고발을 사주했다는 내용이었다.

뉴스버스에 따르면 2020년 4월 3일 윤석열 총장의 최측근으로 알려진 손준성 대검 수사정보정책관으로 추정되는 '손준성'이 미래통합당 김웅 국회의원 후보(서울 송파 갑)에게 고발장을 전달했다. 고발장의 명예훼손 피해자로 적시된 윤석열 총장의 부인 김건희 씨 등에 직접 확인이 필요한 내용이 고발장에 들어 있다고 했다. 뉴스버스는 "(고발 사주가) 윤 전 총장의 지시하에 이뤄졌다고 볼 수 있는 정황이 있다"고 주장했다. 고발 대상에는 최강욱, 황희석, 유시민, 뉴스타파 소속 기자들까지 총 11명의 이름이 적혀 있었다. 고발장의 수신처는 대검찰청 공공수사부 부장이었다.

뉴스버스의 보도 내용대로라면 검찰과 야당이 공모한 국기문란 사건으로, 윤석열 후보가 큰 타격을 입을 수 있는 보도였다. 보도가 나오자 중앙 일간지들이 고발 사주 의혹을 대서특필하기 시작했다. 보통 중앙일간지들은 작은 인터넷 언론의 보도를 무시하거나 모른 척하는 경우가 많지만 뉴스버스의 보도가 구체적이고 신빙성이 높다고 판단해 따라 썼을 것이다. 한겨레신문은 다음 날인 9월 3일자에 1면 톱, 3면과 4면 전면, 사설까지 이 이슈를 다루며 대대적으로 보도했다. 다음은 〈윤석열 검찰, 야당에 여권 인사 '고발 사주' 의혹〉이란 제목이 달린 이날 한겨레의 1면 톱기사이다.

지난해 총선 직전 검찰이 '검-언 유착' 논란 및 윤석열 당시 검찰 총장 가족 관련 의혹에 대응하기 위해 미래통합당(현 국민의힘)에 범여권 인사 고발을 사주했다는 의혹이 제기됐다. 여당은 윤 전 총장의 '정치공작'으로 규정하고, 고위공직자범죄수사처(공수처) 수사와 국정조사 등을 요구하고 나섰다.

　2일 인터넷 매체 〈뉴스버스〉 보도와 〈한겨레〉 취재 내용을 종합하면, 지난해 4월 3일 김웅 당시 미래통합당 국회의원 후보(현 국민의힘 의원)는 유시민 노무현재단 이사장과 최강욱·황희석 당시 열린민주당 비례대표 국회의원 후보 등 3명과 언론사 관계자를 포함해 모두 11명에 대한 고발장을 미래통합당 쪽에 전달했다. 이 고발장은 윤 전 총장의 최측근인 손준성 당시 대검찰청 수사정보정책관이 김웅 후보에게 건넨 것으로 확인됐다고 〈뉴스버스〉는 보도했다. (중략)

　여권은 '검찰발 총풍 사건'이라며 철저한 조사를 촉구하고 나섰다. 김진욱 더불어민주당 대변인은 이날 논평을 내어 "윤석열 검찰이 정치인과 언론인에 대해 고발을 사주하는 행위가 있었다면 이는 정치공작이라며" 윤 전 총장은 손 검사로부터 고발장 관련해 보고받은 적이 있는가. 윤 전 총장의 명확한 해명을 요구한다고 밝혔다.

　윤석열 캠프는 "윤석열 후보는 검찰총장 재직 중 어느 누구에 대해서도 고발을 사주한 바가 없음을 분명히 밝힌다"며 의혹을 부인했다. 손준성 검사도 이날 〈한겨레〉에 "보도는 사실이 아니고 제가 아는 바가 없어 해명할 내용도 없다. 고발장 전달 사실 자체가 없다"고 부인했고, 당시 미래통합당 법률지원단장이던 정점식

의원은 "그런 일이 있었던 것은 전혀 기억이 나지 않는다"고 말했다. 검찰과 야당의 '고리' 역할을 한 당사자로 지목된 김웅 의원은 입장문을 내어 "당시 의원실에는 수많은 제보가 있었고, 제보받은 자료는 당연히 당 법률지원단에 전달했다. 제보받은 자료라면 이를 당에 전달하는 것은 전혀 문제 될 수 없다"고 주장했다.

조선일보도 뉴스버스의 보도를 외면하지 못했다. 같은 날 조선일보는 5면 톱으로 〈"윤석열 검찰, 야당에 여 인사들 고발 요구"… 윤 "사실무근"〉이란 기사를 실었다. 중앙일보는 3면 톱으로 다뤘으며, 동아일보는 6면에 관련 기사를 실었다. 보수 언론들도 사안의 중대성과 뉴스버스 보도의 구체성을 외면하기 쉽지 않았을 것이다. 조선일보도 그 심각성을 인지했는지 뉴스버스의 보도 내용과 윤석열 캠프의 반박, 여당 쪽의 반응을 충분히 실었다. 조선일보의 9월 3일자 기사는 이러하다.

검찰이 지난해 4월 총선을 앞두고 야당에 여권 인사들에 대한 고발을 사주했다는 의혹이 2일 제기됐다. 당시 검찰총장이었던 국민의힘 윤석열 전 검찰총장 측은 "사실무근으로 전혀 알지 못한다"고 했다. 그러나 여권은 "윤석열 검찰의 정치공작 범죄"라며 진상 규명을 요구했다. 당시 법무부 차관이었던 김오수 검찰총장은 이날 대검 감찰부에 진상 조사를 지시했다.

더불어민주당은 이날 인터넷 매체 뉴스버스 보도를 인용해 "검찰이 지난해 4월 총선 직전 미래통합당(국민의힘 전신) 측에 유시민 노무현재단 이사장, 최강욱·황희석 당시 열린민주당 비례대표 의원후보를 고발하라고 사주했다는 의혹이 제기됐다"고 했다. 이른바 '검언유착' 보도 등으로 윤 전 총장과 아내 김건희 씨, 한동훈 검사장이 피해를 보게 된 과정에 여권 인사들이 개입한 의혹이 있으니 이에 대해 고발을 해달라고 검찰이 야당에 주문했다는 주장이다. 당시 대검 수사정보정책관이었던 손준성 검사가 이를 위한 고발장을 작성해 고발인란만 비워두고 당시 총선에 출마한 국민의힘 김웅 의원에게 전달했다는 의혹도 제기됐다. 김 의원은 검사 출신이다.

윤 전 총장 캠프는 "윤 전 총장은 전혀 모르는 일"이라며 "저희는 그런 사실 자체가 없었던 것으로 이해하고 있다"고 했다. 그러면서 "윤 전 총장은 검찰총장 재직 중 누구에 대해서도 고발을 사주한 바가 없음을 분명히 밝힌다"고 했다. 김웅 의원은 입장문을 내고 "당시 수많은 제보가 있었고, 제보받은 자료는 당연히 당 법률지원단에 전달했다"면서 "제보받은 자료를 당에 전달하는 것은 전혀 문제 될 수 없다"고 했다. 손 검사와 당시 미래통합당 법률지원단장 대리였던 정점식 의원도 관련 의혹에 대해 본지에 "전혀 사실이 아니다"라고 했다. (중략)

이후 온 언론이 고발 사주 의혹을 연일 비중 있게 다뤘다. 한겨레신문은 9월 6일 야권에 사주한 고발장의 내용 전문을 입수해 단독 보도했다. 〈"여권 총선 이기려… 윤석열 헐뜯어" 검찰 공소장 뺨치는 고발장 20장〉이란 제목의 기사에서 김웅 의원이 인터넷 메신저 텔레그램으로 미래통합당 측으로 추정되는 인물에게 보낸 메시지를 공개했다.

보도된 고발장에는 '윤 총장 부인과 장모의 의혹, 검언유착 의혹에 전혀 그런 사실이 없다고 단언하는 내용이 있었으며, 자신의 본분을 다하는 윤 총장을 헐뜯고 비난하며 범여권의 총선 승리를 목적으로 한 계획적인 언론플레이를 엄하게 처벌해달라'는 내용이 담겼다. 고발 이유로는 추미애 법무부 장관과 갈등을 빚던 윤석열 총장의 심경을 대변하는 내용이 포함됐다.

한겨레 단독 기사가 나가자 동아일보는 하루 뒤인 9월 7일 〈여 "국기문란 사건" 야 "여권 정치공작"〉이란 기사를 1면 톱기사로 게재했다. 중앙일보도 같은 날 〈박범계 "합동감찰 고려" 윤석열 "여권 정치공작"〉이란 1면 톱기사를 실었다. 그러면서 중앙일보는 고발 사주 의혹이 대선판을 뒤흔들고 있다고 평가했다. 보수 언론조차도 대대적으로 보도하면서 고발 사주 의혹은 대선의 가장 큰 이슈이자 국가를 뒤흔드는 사건이 됐다. 대장동 보도가 본격화하기 전까지 대선의 핫이슈는 고발 사주 문제였다.

여야의 대선주자들까지 나서 고발 사주 의혹을 해명하라고 요구했다. 9월 5일 홍준표 국민의힘 의원은 고발 사주 의혹과 관련해 윤석열을 향해 "대국민 사과를 하라"고 촉구했다. 홍 의원은 페이스북에 "곧 드러날 일을 공작정치 운운으로 대응하는 것은 기존 정치인들이 통상 하는 '무조건 부인하고 보자'는 배 째라식 후안무치 대응"이라며 적었다. 이어 홍 의원은 "이제 진실게임에 들어가버려 일이 커질 대로 커졌다. 비록 많은 주워 담기 어려운 말들을 해버렸지만 지금이라도 진실을 고백하고 대국민 사과를 하라"며 "세상에는 비밀이 없고 한국 정치판도 참 맑아졌다. 정직하고 거짓말하지 않는 대통령을 국민은 원하고 있다"며 강도 높게 비판했다.

이재명도 페이스북에 고발 사주 의혹과 관련해 "민주당, 열린민주당, 정의당 등 모든 민주개혁진영이 공동대응을 모색하자"며 "(의혹이) 사실이라면 윤석열 검찰의 중대한 헌법파괴, 국기문란 사건이 아닐 수 없다. 진상을 철저히 규명하고 책임을 엄중히 물어야 한다"며 윤석열을 몰아세웠다. 윤석열은 2021년 6월 29일 대선 출마를 공식 선언한 지 두 달여 만에 최악의 궁지에 몰리고 있었다.

하지만 2021년 9월 13일 조선일보가 대장동 보도를 시작하고 다른 언론들이 따라 쓰면서 고발 사주 의혹은 많은 이들에게 '사소한' 일이 돼버렸다. 이슈를 이슈로 덮는 전형적인 전략이 먹혀든 것이다.

2021년 11월 18일 공개된 전국지표조사NBS(National Barometer Survey)에서 대장동은 고발 사주를 제치고 가장 뜨거운 이슈로 떠올랐다. 이 조사에서 대선후보와 관련한 관심 사안을 묻는 질문에 '이재명 더불어민주당 후보와 대장동 특혜 의혹'을 꼽은 응답자가 35%로 가장 많았다. 이어 '윤석열 국민의힘 후보와 고발 사주 의혹'을 꼽은 응답자는 22%였다.

연령별로는 40대를 제외한 전 연령층에서 대장동 의혹에 가장 큰 관심을 보였다. 40대는 대장동 의혹에 대한 관심이 26%, 윤석열 후보와 고발 사주 의혹에 대한 관심이 39%였다. 지역별로는 광주·전남북을 제외한 전 지역에서 대장동을 주목했다. 광주·전남북은 대장동 의혹에 대한 관심이 19%, 고발 사주 의혹은 34%였다. 중도층에서도 39%가 대장동에, 18%가 고발 사주에 관심을 보였다.

대장동 보도가 시작되기 전인 2021년 9월 첫 주 NBS 조사에서 이재명의 지지율은 25%로, 윤석열(19%)을 6%p나 앞서고 있었다. 대선 당선 전망에서도 이재명은 33%, 윤석열은 24%로 10%p 가까이 여유롭게 앞섰다. 하지만 같은 기관의 2021년 12월 첫 주 조사에서는 이재명 지지율 33%, 윤석열은 34%로 역전됐다. 대선 당선 전망에서도 이재명 37%, 윤석열 36%로 거의 같아졌다. 물론 윤석열이 11월 5일 국민의힘 후보 확정의 효과를 거둬 지지율이 올랐다고 볼 수도 있다. 반면 이재명은 10월 10일 더불어민주당 후보로 확정되고도 그 효과를 누리지 못했다. 이는 그동안 모든 이슈를 집어삼킨 대장동의 영향이 컸기 때문이라고 해석할 수 있다.

대장동 보도가 시작되기 전인 2021년 9월 첫 주 한국갤럽의 여론조사에서도 이재명은 24%를 얻었고 윤석열은 19%에 그쳤다.

하지만 2021년 11월 3주차 조사에서는 이재명은 27%, 윤석열은 34%를 얻어 전세가 역전됐다. 윤석열은 국민의힘 후보로 선출되며 지지층 결집과 지명도 상승 등의 효과를 거둔 반면, 대장동의 오점이 덧칠해진 이재명은 이런 효과를 누리지 못했다.

대선의 모든 것이 된
대장동

이재명은 경기도 국정 감사장에서 대장동에 대해 적극 해명했지만 유권자는 의심의 눈초리를 거두지 않았다. 집 없는 유권자들은 부동산 가격 폭등의 와중에 수천 억 수익을 업자들이 가져간 대장동 사업에 박탈감을 느끼며 분노했다. 특히 청년층의 분노가 컸다. 이런 원망과 분노는 고스란히 이재명으로 향했다. 2021년 10월 6일 국정감사에서 박영수, 곽상도 등 '50억 클럽'의 이름이 공개됐음에도, 대중은 대장동을 이재명의 책임으로 봤다. 이런 흐름은 대선이 본격화한 2021년 말부터 대선이 치러진 2022년 3월 9일까지 내내 이어졌다.

5차례 걸쳐 실시된 대선 TV토론에서도 대장동은 핵심 이슈였다. 윤석열 후보는 이재명을 공격하는 무기로 대장동을 적극 활용했다. 전 언론이 대장동 의혹의 주범으로 이재명을 지목하고 있는 마당이었으니 윤석열은 공격하기만 하면 됐다.

2022년 2월 3일 열린 1차 토론이 시작되자 윤석열은 대장동을 들고 나왔다. 이재명에게 책임이 있다며 "3억 5천만 원 투자한 사람에게 배당받을 수 있는 최상한선인 캡(한계)을 씌우지 않고 이렇게 설계했다는 것 자체가 문제 있는 것 아니냐"고 말했다. 이에 대한 반격으로 이재명은 "저축은행 대출 비리는 왜 봐줬을까. 우연히 우연히 우연히 김만배의 누나는 왜 아버지의 집을 샀을까? 내가 입만 벙긋하면 윤석열 후보는 죽는다, 이런 말을 왜 할까?"라고 맞섰다. 이재명은 대장동의 책임이 윤석열에게 있다고 강조했지만, 그동안의 언론 보도를 보면 윤석열보다는 이재명에게 책임이 있다는 게 상식이었다. 이재명 입장에서는 역부족이었다.

1차 토론이 끝난 뒤 나온 오마이뉴스의 기사를 보면 토론에서 대장동이 얼마나 뜨거운 이슈였는지 알 수 있다. 기사 제목은 〈토론 시작부터 대장동, 또 대장동 그리고 대장동〉이다.

20대 대통령선거를 34일 앞둔 2월 3일, 지상파 방송 3사 초청으로 이재명 더불어민주당 대선후보, 윤석열 국민의힘 대선후보, 안철수 국민의당 대선후보, 심상정 정의당 대선후보가 토론으로 맞붙었다. 가장 큰 민생 현안인 부동산으로 시작됐지만, 네 후보는 지난해부터 정국을 달군 대장동 개발사업 의혹을 두고 치열한 논쟁을 벌였다.

가장 먼저 발언권을 얻은 윤석열 후보는 "민주당 정권의 반시장적인 부동산 정책으로 인해서 주택가격이 수직상승했고 젊은층이 '영끌' 매수를 해왔다"며 "거기다 LH사태, 대장동게이트 이런 권력과 유착된 부정부패들이 우리 사회 갈등을 심화시키고 미래 세대에 좌절감을 줬다"고 짚었다.

이재명 후보는 "우선 국민의힘이 방해하고 저지했더라도 100% 공공개발을 못해 국민들께 실망을 드린 점, 다시 한 번 사과드린다"고 말했다. 또 "국민의 민생과 경제가 정말로 어렵다"며 "지금 말씀하신 것은 저번에 제가 일부러 국정감사를 자처해서 이틀 동안 정말 탈탈 털다시피 해서 검증하고, 언론에서도 다 검증하고 검찰 수사까지 했는데 이런 얘기를 다시 하며 시간 낭비하기보다는 가능하면 민생과 경제를 얘기하면 좋겠다"고 끊었다. (중략)

이재명: "저는 이익 본 일이 없다. 윤 후보님은 부친 집을 관련자들이 사주지 않았나."

윤석열: "사주다니요."

이재명: "오히려 윤 후보님이 책임져야 하지 않을까 싶은데." (중략)

2, 3, 4차 토론에서도 대장동 개발이익 진상규명, 박영수 딸의 특혜 분양과 11억 입금, 곽상도 아들 50억 퇴직금, 김만배, 남욱, 정영학 녹취록 등이 거론됐다.

대장동 설전의 하이라이트는 마지막 5차 토론이었다. 이재명은 대장동과 관련해 김만배 누나의 윤석열 부친 집 매입, 부산저축은행 대장동 개발업자 관련 불법대출 부실수사를 거론하며 윤 후보를 압박했다. 이재명은 "대선이 끝나도 특검을 하자. 특검에서 문제가 드러나면 대통령에 당선돼도 책임지자"라며 "동의하느냐"라고 5번이나 윤 후보에게 물었다. 그러자 윤 후보는 "이거 보세요"라며 "지금까지 다수당으로서 수사를 회피하고, 대선이 국민학교 반장선거인가. 정확히 수사가 이뤄지지 않고 (검찰이) 덮지 않았느냐"라고 말했다. 누가 봐도 윤 후보가 대장동 특검을 기피하고 있음을 느낄 수 있는 토론이었다.

하지만 5차 토론 한 번만으로는 역부족이었다. 이재명에게 대장동 책임이 있다는 유권자들의 의심을 지울 수는 없었다. 조선일보는 대선 막판까지 집요하게 '이재명 대장동 책임론'을 물고 늘어졌다. 조선일보는 2022년 2월 26일 칸타코리아에 의뢰해 실시한 여론조사 결과를 공개했다. 이에 따르면 대장동과 관련해 '더불어민주당 이재명 대통령 후보에게 책임이 있다'는 응답 비율이 45.0%였다. 반면 '국민의힘 윤석열 후보에게 책임이 있다'는 응답은 27.2%에 그쳤다. '보수'라 답한 응답한 73.7%가 이재명에게 책임이 있다고 했고, 윤 후보는 12.8%였다. 중도라고 답한 이들은 '41.2% 대 28.9%'로 이재명에 책임이 있다고 봤다. 진보는 '25.2% 대 45.2%'였다.

국민일보는 대선 투표를 불과 6일 앞둔 3월 3일 여론조사 결과를 공개했다. 그에 따르면 대장동 의혹에 대해 응답자의 45.0%가 '이재명의 책임이 더 크다'라고 답했다. '윤 후보의 책임이 더 크다'라고 응답한 비율은 22.7%였다. '두 후보 모두의 책임'이라고 답한 비율은 24.7%였다. 국민일보는 "여론조사 결과 공표 금지기간인 3일 직전 대선 민심을 파악하기 위해 실시했다"고 했지만 대장동 책임론을 거론하며 이재명에게 불리한 기사를 낸 것이다.

이재명은 대선에서 패했다. 48.56% 대 47.83%로 0.73%p 차이였다. 깻잎 한 장 차이라고 했지만 한 장이 의미하는 바는 너무 컸다. 이재명은 낙선과 함께 범죄 피의자로 수사를 받고 있다. 이재명을 찍은 유권자들은 어떤 대선 결과보다도 좌절했다.

갤럽은 대선 투표일 이틀 뒤인 3월 11일 사후 조사 결과를 공개했다. 이 결과를 보면 깻잎 차이를 만드는 데 대장동 의혹이 큰 영향을 미쳤음을 확인할 수 있다.

이재명에게 투표하지 않은 유권자들은 그 이유로 첫 번째 '신뢰성 부족·거짓말'(19%), 두 번째 '도덕성 부족'(11%), 세 번째 '대장동 사건'(6%)을 꼽았다. 대장동 의혹 제기가 없었다면 이재명이 당선됐을 것이라는 결과다. '신뢰성과 도덕성 부족'이란 응답도 언론이 대장동 의혹을 무차별적으로 보도함으로써 생겨난 부정적 이미지일 가능성이 높다. 이재명이 대장동 연루설을 적극 부인하자 유권자들은 그가 거짓말을 하는 믿을 수 없는 후보라고 생각했을 것이다. '이재명은 아니라고 하지만 그래도 뭔가 있지 않겠느냐' '아니 땐 굴뚝에 연기가 나겠느냐'라는 의심이 남은 것이다.

윤석열에게 투표하지 않은 유권자들은 '경험 부족'(18%), '무능 무지'(13%), '검찰 권력·검찰 공화국'(6%) 등을 거론했다. 반면 윤석열 투표자는 그 이유로 '정권 교체'(39%)를 가장 많이 거론했다. 그다음으로 '상대 후보가 싫어서·그보다 나아서'(17%), '신뢰감'(15%), '공정·정의'(13%) 등을 꼽았다. 정권 교체 여론이 그만큼 높았다고 볼 수 있는 답변이다.

대장동 잔혹극의
스토리텔링

"옛날 옛적 한 옛날에……." 할머니 할아버지가 들려
주는 이야기는 아이들의 귀를 사로잡는다. 사람들은
때와 장소를 가리지 않고 이야기에 빠져든다. 고대부터 현대의
미디어 수용자들에 이르기까지, 스토리텔링은 대중의 머릿속에
뭔가를 주입하는 효과적인 도구다. 이상은 미국 인문학자 조너
선 갓셜Jonathan Gottschall이 저서 《스토리텔링 애니멀The Storytelling
Animal》에서 주장한 내용이다. 갓셜은 '이야기는 인간을 무방비
상태로 만들어 가장 깊숙한 신념까지 바꾼다'고 말했다. 교통사
고로 낭떠러지에 떨어지는 도중에도, 물에 빠져 허우적거리는
절체절명의 짧은 순간에도 사람들은 지나온 삶을 떠올린다면
서, 스토리는 인간과 뗄 수 없는 관계라고 말했다.

뉴스도 이야기다. 기승전결의 구조를 가졌다. 이런 구조를 구

축하지 못하는 기자는 데스크에게 혼이 난다. 이야기 구조를 충실히 구축한 기사는 독자를 기자의 주장 속으로 끌어들일 수 있다. 어느 나라 언론이나 마찬가지다.

국내에 주재하는 한 미국 기자는 북한의 미사일 발사 뉴스를 본국에 송출했다가 데스크에게 지적을 받았다고 했다. 기자는 북한 미사일 발사 뒤 한국 국민의 반응을 기사에 담았는데, 너무 담담하게 그렸다는 지적을 받았다 한다. 데스크는 기자에게 전화를 걸어 "뭔가 긴박감이 없잖아. 좀 더 섹시한 것은 없나?"라며 마뜩잖아 했는데. 이에 기자는 "한국 사람들은 북한의 군사 도발에 익숙해져 무덤덤하다"라고 했단다. 약간의 재미가 가미된 이야기는 뉴스를 수용자에게 효과적으로 전달할 수 있겠지만 정도가 지나치면 왜곡과 허위가 된다.

2018년 9월 7일 조선일보에는 흥미로운 기사가 실렸다. 이 기사는 1972년 '워터게이트'를 특종 보도한 워싱턴포스트의 유명한 기자들인 밥 우드워드와 칼 번스타인을 비교했다. 번스타인은 시야가 넓고 글을 잘 써 주로 기사 집필을 담당했다. 반면 우직한 성격의 우드워드는 팩트 전달에 신중하고 글은 무미건조했지만 취재력이 탁월했다. 우드워드가 취재를 해오면 번스타인이 논평을 했다. 시쳇말로 '찍새와 딱새'에 비유할 수 있겠다.

이 기사의 내용처럼 국내 언론사도 유형을 분류할 수 있다. 1970~1980년대 동아일보가 우직하게 취재하는 찍새형에 가까웠다면, 조선일보는 가공을 잘하는 딱새형 언론사로 분류할 수 있다. 이야기를 만들 줄 아는, 스토리텔링에 능하다고 기자들끼리 평가한다.

이재명이 악당으로 등장하는 대장동 스토리텔링도 다르지 않다. 대중의 심리를 잘 알고, 뉴스를 본인들 관점대로 가공하는 능력이 뛰어난 '기술자'들에 의해 스토리가 만들어졌다. 이재명의 대장동에는 우리가 초등학교 시절에 배운 소설의 구조 '발단—전개—위기—절정—결말'의 구조가 담겨 있다.

'발단'은 경기경제신문의 보도였다. 제보자들은 작은 매체를 골라 여론의 반응을 떠보기 식으로 뉴스 자료를 전달했을 것이다. 작은 매체의 보도는 큰 매체들이 보도하는 명분이 되었다. 경기 지역을 잘 아는 지역 매체가 이재명의 대장동이 문제가 있다고 지적했다면 기사 가치가 있다고 판단할 근거가 된다고 주장할 수 있다.

'전개'는 조선일보의 대대적인 보도다. 조선일보는 처음부터 1면에 대장동 기사를 실으며 공격적인 자세를 취했다. 확실한 근거가 있거나 사안이 중대해야 1면에 기사가 실린다. 당시 대장동 의혹의 근거는 그토록 확실했는가? 대장동 관련 자료의 출처는 조선일보가 기사에 밝혔듯이 '정치권'이라고 애매하게 표현돼 있다. 제보자가 정치권 인사란 말인가?

'위기'는 이재명의 해명과 저항이다. 이재명은 억울했다. 대장동 사업만큼 토지개발사업에 지방정부의 공익 환수가 이뤄진 사례가 있는가? 이재명은 "조선일보는 대선에서 손을 떼라"고까지 강하게 저항했다. 하지만 거대한 스토리텔링의 굴레에서 악역을 벗어나기에는 역부족이었다. 그는 거우 성남시장과 경기도지사를 거친 변방 장수였고, 기득권에 저항해온 눈엣가시였다.

'절정'은 조선일보의 첫 보도 뒤 1만 4,391건에 이르는 기사를 통한 이재명 조리돌림 시키기다. 조국 전 법무부 장관 때와 맞먹는 화력으로 미디어는 이재명을 폭격했다. 국민의힘과 정의당이 한 편이 돼 대장동 뉴스거리를 확대 재생산했다. 더불어민주당의 일부 세력도 대장동 이슈를 통해 이재명 쓰러뜨리기에 가담했다. 부패한 토건 세력에 맞서 싸운 인권 변호사 출신 이재명은 순식간에 토건 세력의 배를 불려준 빌런이 됐다. 반전도 이런 반전이 없다.

마침내 '결말'은 모두가 알다시피 이재명의 대선 패배다. 기득권 세력의 도구인 미디어가 무차별 포화를 퍼부은 탓에 이재명은 0.73%의 고개를 넘지 못했다. 백낙청 교수는 지난해 오마이TV와 인터뷰에서 다음과 같이 말했다.

"미국 대선에서는 트럼프가 거짓말을 하면 레거시 미디어(신문과 방송 등 전통 언론)가 이를 비판했다. 그런데도 트럼프가 당선됐다. 하지만 우리나라의 레거시 미디어는 미국보다 엘리트 카르텔에 깊이 연루된 반면 국민은 살아 있다. 미국처럼 뉴욕타임스가 보도해도 영향을 못 미치는 사회와 우리는 사정이 다르다."

백 교수의 말처럼 극악의 미디어 환경 속에서도 이재명은 근소한 차이로 패했다. 대장동 잔혹극의 1막은 이재명의 대선 패배로 막을 내렸다. 2막은 이재명을 옭죄오는 검찰 수사의 진행이며 이는 현재 진행형이다.

대장동 의혹 제기는 이재명에게뿐 아니라 우리 사회에도 심각한 폐해를 가져왔다. 대장동 잔혹극은 기득권에 대한 도전을 위축시켰다. 주류 질서의 파괴를 위해서는 서민을 위한 적극 행정이 필요하다. 대장동의 공공이익 환수는 지금껏 전례가 없던 용기 있고 창의적인 행정 사례이다. 개발 이익을 토건 세력이 독점하려 하자 민관합동개발이라는 전례 없는 형식을 도입했다.

돈과 권력을 가진 기득권은 자신들에 유리하도록 세팅된 기존 구조와 제도를 유지하면 된다. 하지만 서민들은 그 질서를 파괴해야만 이익을 얻을 수 있다. 대장동 잔혹극을 통한 사법적, 정치적 억압은 앞으로 기존 질서에 도전하려는 시도를 크게 위축시킬 것이다. 선출된 정무직 공무원조차 탈나지 않고 생색낼 일만 찾을 것이다. 대장동 사태를 보며 '모나면 정 맞는다'라고 생각할 것이기 때문이다. 대장동 잔혹극의 부정적 학습 효과다. 앞으로 시장, 군수, 도지사들은 토지개발 이익을 창출하는 개발사업에 개입하지 않을 것이다. 그렇게 되면 공권력의 통제로부터 자유로워진 토건 세력이 이익을 극대화하는 것은 한층 수월해진다.

그럼에도 아직 희망은 있다. 대장동 잔혹극의 3막은 비극이 아니라 해피엔딩이 될 수 있다. 법조 세력과의 결탁, 정치권의 개입 등 토건 비리의 몸통이 재판을 통해 드러나고 관련자들이 처벌받는 결말이다. 기득권 세력이 이재명을 죽이기 위해 열어젖힌 대장동 판도라의 상자가 부메랑이 되어 그들에게 날아가는 그런 결말이 되도록, 한시도 감시의 눈초리를 늦추지 말아야 할 일이다.

이재명 악마화에
작용하는 기제

이재명에게 노골적인 반감을 드러내는 사람들이 있다. 그런데 미워하는 이유를 물어보면 인상 비평이거나 잘못된 자료에 근거해 판단하는 경우가 많다. 대선 기간 동안 이재명을 향한 가짜 뉴스 공격이 수없이 이뤄졌다. 대부분 이재명에게 부정적인 이미지를 심기 위한 것이었다. 부인 김혜경 여사가 쓰러져 병원에 입원하자 이재명이 폭행했다는 주장까지 흘러나왔다. 조폭 자금 수수, 아들의 화천대유 취직설 등이 이재명을 흠집 냈다.

여당의 대선후보였는데도 이 정도였다. 대선에서 패하고 인천 계양을 보궐선거에 출마하자 이재명을 다루는 언론의 태도는 더 가혹해졌다. 이제 대권후보도 아니고 자연인이었다. 사자가 쓰러지면 하이에나들이 달려든다. '이재명이 공원 벤치에 신발을 신고 연설했다' '식당에서 즉석 연설을 하기 위해 아이를 밀쳤다' 같은 부정적 이미지를 강조하는 기사가 쏟아졌다. 2022년 5월 25일 포털 다음의 메인 뉴스 화면에는 '이재명 42.5% vs 윤형선 42.7% 초접전'이라는 각기 다른 언론사의 기사들이 교대로 몇 시간 동안 걸렸다. 하지만 이재명이 당대표가 되자 이런 말초적인 기사들은 크게 줄어들었다. 권력을 가졌을 때와 그렇지 않을 때 미디어가 어떻게 이재명을 대하는지 알 수 있는 부분이다.

주간지 시사IN은 대선이 한창이던 2021년 말 흥미로운 기사를 실었다. 제목은 〈이재명의 말 분석하니 거래의 리더십 보인다〉였다(윤석열 편의 제목은 〈윤석열의 말 분석하니 응징의 리더십 보인다〉이다). 이 기사를 거칠게 요약하면, '이재명의 말들은 이익과 성과가 자신에게 표를 줄 사람들에게 돌아갈 수 있다는 점을 암시한다'이다. 이를 거래의 리더십이라고 표현했다. 내가 여기에 첨언하자면, 이재명은 다수(절대 다수의 서민)에게 이익을 주는 것이 정치라고 본다. 이것이 이념을 강조한 86세대 정치인과 다른 점이다. 20대 유권자들을 만나보면 나에게 뭔가 이익을 줄 정치인을 원한다고 했는데 이를 충족할 정치인이 이재명인 셈이다.

나는 이재명의 '유용성'을 강조할 때 '유기농 감귤론'을 꺼낸다. 유기농 감귤은 투박하게 생겼다. 겉은 거무튀튀하고 맛은 시며 크기도 작다. 반면 모양 좋게 길러진 감귤은 겉이 매끄럽고 신맛이 없고 크기도 크다. 보통 사람들은 매끈한 감귤을 좋아한다. 하지만 건강을 생각하는 현명한 소비자라면 투박한 감귤을 고를 것이다.

정치인은 도구일 뿐이다. 숭배의 대상이 아니다. 주권자인 국민이 주인이고, 정치인은 주권자의 이익을 실현할 도구다. 그런 점에서 이재명은 정치의 본질을 꿰뚫고 있다. 정치의 본질을 이렇게 정의한다면, 나에게 도움이 되는 정치인을 선택하는 게 합리적이다. 하지만 유권자들은 그렇지 않은 경향이 있어서 나와 다른 고급스러운 이미지를 찾는다. 그래서 기술자들이 친서민적인 이재명의 이미지를 더 훼손하려 드는 것이다.

이재명의 대선 패배로 비극의 드라마는 끝이 났어야 했다. 기득권 세력은 자신들에게 도전하는 이재명이 대통령에 오르는 이야기를 보고만 있을 수 없다는 목적을 이뤘다. 하지만 여전히 이재명을 향한 잔혹극을 끝낼 생각이 없다. 대선에서 국민 절반의 지지를 받은 그가 재기 불가능하도록까지 만들어야 하기 때문이다.

2022년 10월 19일 검찰은 김용 더불어민주당 민주연구원 부원장을 유동규 전 성남도시개발공사 본부장으로부터 불법 정치자금을 받았다며 구속 기소했다. 그해 12월 8일에는 정진상 전 더불어민주당 당대표비서실 정무조정실장이 구속됐다. 올해 1월 28일에는 검찰이 원하던 그림을 만들었다. 이재명 민주당 당대표를 서울중앙지검 포토라인에 세웠다.

다음은 이재명이 이날 검찰에 출석해 제출한 대장동 의혹 관련 33쪽 분량의 진술서 중 일부다.

검찰은 제가 투기 세력과 결탁하거나 그들로부터 재산상 이익을 받기로 약속한 것처럼 몰아가고 있습니다. 유일한 근거는 대장동 관련 부패범죄로 구속되었다가 석방된 관련자들의 번복된 진술입니다.

그러나 저는 투기 세력으로부터 시민의 정당한 이익을 지켜내려고 부단히 노력했을 뿐 부패행위에 관여한 사실이 없습니다. 최근 정영학 녹취록 전문이 언론에 공개되었는데 이제 국민들은 정영학의 녹취록에 근거하여 검찰의 공소사실을 평가할 수 있게 되었습니다.

검찰은 정영학 녹취록에 근거하여 수사 결론을 도출했었는데, 이제 와서 검찰의 올가미에 걸린 관련자들의 번복된 진술에 의존하여 정영학 녹취록에도 없고 오히려 그에 반하는 허위사실들을 만들어 내고 있습니다.

혐의의 세부 내용은 알기 어려우나 언론보도 등에 따르면 제가 비밀정보를 대장동 일당에게 제공하거나, 유동규가 제공하는 것을 승인했다는 것으로 추측됩니다.

유동규가 그들과 결탁하여 비밀정보를 제공했는지 저로서는 알 수 없지만, 유동규가 범죄행위를 저지르며 범죄사실을 시장인 제게 알릴 이유도 없고 제게 알릴 필요도 없습니다.

객관적으로 드러난 사실이나 정영학 녹취록을 보아도 저는 이들의 부정비리와 관련이 없습니다. 정영학 녹취록과 이들의 법정 증언 등에 따르면 이들은 '이재명이 우리 사업권을 빼앗아 호반건설에 주려 했지만, 우리가 도로 빼앗아왔다'거나 이재명 모르게 특정금전신탁 뒤에 잘 숨어 있었다며 자부하거나, '이재명이 너네 졸라 싫어해'라는 내용이 나옵니다.

저는 대장동 일당이 사업자 공모에서 하나은행 컨소시엄의 특정 금전신탁에 숨어 있었던 사실은 이 사건이 문제되고 나서야 알았으니, 저도 모르는 이들을 위해 형사처벌을 무릅쓴 채 그들을 위해 비밀을 유출하거나 유동규로부터 범죄행위인 비밀 유출을 보고받고 승인한다는 것은 상식에 반합니다.

검찰은 2023년 2월 16일 이재명에 대한 구속영장을 청구했다. 서울중앙지방법원은 2월 17일 대통령 앞으로 체포동의요구를 발송했고 2월 20일 윤석열 대통령이 이를 결재했다. 체포동의요청서는 2월 21일 국회에 접수돼 표결에 들어갔지만 부결됐다. 결국 검찰은 백현동 개발 비리 혐의로 두 번째 구속영장을 청구했고 국회에서 체포동의안이 가결됐지만 법원에 의해 구속이 불발됐다. 또 다른 구속영장이 기다리고 있을지 모른다.

이 잔혹극은 이재명이 상징하는 기득권에 대한 저항이 없어져야 막을 내릴 것이다.

4장

이재명의
빛나는
순간들

정책과 만났을 때:
성남과 경기도를 바꾸다

매스 미디어는 이재명에게 온갖 부정적인 이미지를 덧씌웠다. 그가 기득권에 저항했기 때문에, 권력인 미디어에 고개를 숙이지 않았기 때문에, 진보 세력 내에서 주류가 아니었기 때문이다. 이재명에 대한 미디어의 가혹함이 정점에 이른 것은 대장동이다. 대장동 의혹은 청렴함과 유능함을 강점으로 대권 후보가 된 이재명을 하루아침에 거꾸러뜨렸다. 부정적인 이미지를 넘어 파렴치한으로 둔갑시켰다.

하지만 이재명에게는 모두를 놀라게 한 빛나는 순간들이 있다. 대장동 덧칠에 가려진 정치인 이재명의 성과가 있다. "일을 정말 잘한다" "서민에게 꼭 필요한 정책을 편다" "새로운 비전과 어젠더를 제시한다"는 칭찬을 들었던 순간이 있다.

1987년 이후 진보는 '우리는 민주주의자고 저쪽은 반민주주의

자'라는 구호 아래 뭉쳤다. 하지만 한편으로 진보에게는 무능하다는 꼬리표가 달렸다. 이런 편견을 깬 정치인이 이재명이다.

이재명은 정치적 무산자다. 그는 정치적인 유산을 물려받은 게 없다. 부를 쉽게 축적하려면 유산이 있어야 하듯, 정치를 쉽게 하려면 정치적 유산을 상속받아야 한다. 박근혜는 아버지 박정희 대통령의 유산을 받아 청와대에 입성했다. 문재인 대통령은 노무현 대통령이 물려준 유산의 혜택을 입었다. 이낙연 전 총리는 김대중 대통령의 유산을 받았다. 호남 인재를 끌어모아야 했던 김대중은 동아일보 이낙연 기자에게 공천을 줬다.

하지만 이재명은 그렇지 못했다. 그는 성남에서 국회의원과 시장에 연거푸 떨어졌다. 선거에 도전한 지 세 번째 만에 성남시장에 당선됐다. 지역에서 인권변호사와 시민운동가로 쌓은 경력을 바탕으로 정치인이 됐다. 이재명은 정치적으로도 '흙수저'다. 귀족적인 이미지도 없고, 정치적 유산도 물려받지 못한 이재명은 대중에게 스스로 능력을 증명해야 했다. 그래야 본인을 각인시킬 수 있었다. 이미지를 강화하는 대신 끊임없이 능력을 보여주는 것이 그의 정치 행보였다.

한 누리꾼은 댓글에서 정치인 이재명의 자산이 무엇인지 절묘하게 분석했다. 성남시장과 경기도지사로서 이재명은 이 댓글처럼 일했다.

'이재명에게는 품위나 안정감이 없다. 때론 비겁하고 치사하다는 인상도 준다. 낯내는 일에 몰두하고 재빨리 뻥튀기해 포장하기 바쁘다. 그런데도 높은 지지를 얻는 것은 아등바등 기를 쓰고 뭔가를 하려는 모습이 보이기 때문이다. 작게라도 내 삶을 바꿀 그 무엇을 기대하게 말이다.'

성남시장으로서 이재명은 500병상 규모 대학병원 수준의 성남시의료원 설립, 취임 3년 반 만에 시 부채 청산, 무상급식을 사립유치원, 초등학교, 중학교, 미인가 대안교육기관까지 확대, 전국 최초로 청년 배당금 지급, 군 입영 청년 상해보험, 무상 산후조리 지원, 무상 교복 등의 성과를 이뤘다. 이런 성과를 바탕으로 국회의원도 한 번 안 해본 이재명은 경기도지사에 당선됐다. 그리고 인구 1,300만의 전국 최대 지방정부의 최고 일꾼이 되면서 그의 정치력과 행정 능력은 더욱 빛을 발하기 시작했다.

이재명의 경기도지사 출마 당시 제1공약은 '서울외곽순환고속도로'의 이름을 바꾸는 것이었다. 실제로는 서울이 아니라 대부분 경기도를 순환하는 이 도로의 이름에는 '서울은 중심, 경기도는 변방'이라는 의미가 담겨 있다. 경기도민은 주변부 국민이며, 2등 국민이라는 의미다. 서울 중심주의, 기득권 중심주의가 이름에 담겨 있었다. 드라마 〈나의 해방일지〉에서 등장인물들은 서울을 노른자, 본인들이 사는 경기도를 흰자에 비유했다.

이재명은 약속을 지켰다. 현재 도로명은 서울외곽순환고속도로에서 '수도권 제1순환고속도로'로 바뀌었다. 이재명은 본인이

경기지사로서 가장 잘한 일은 경기도민에게 도민으로서의 정체
성과 자부심을 심어준 것이라고 밝혔다. 경기도는 어딘가의 변
방이 아니며, 내 삶의 터전은 다른 어느 곳보다 중요하며, 의지와
지혜를 모으면 삶을 개선할 수 있다는 자부심이다. 도로의 이름
이 바뀌면서 노른자와 흰자의 구별이 없어졌다.

위기와 만났을 때: 국가의 의미를 다시 생각하다

2018년 7월 1일 이재명은 경기도지사에 취임했다. 다선 의원 출신들을 꺾고 시장 경력으로 경기도청에 입성하며 주목받았지만 시작부터 고난이 찾아왔다. 경찰은 이재명 지사가 취임한 지 불과 10일이 지난 2018년 7월 11일 분당보건소, 성남시정신건강증진센터 등을 압수수색했다. 2018년 10월 12일에도 이재명 지사의 자택과 성남시청을 수색했다. 바른미래당이 2018년 6·13 지방선거 기간 중에 방송토론 등에서 이재명이 성남시장 권한을 남용해 친형을 강제 입원시키려 했다며 고발했기 때문이다.

수사로 어수선한 분위기 속에서 지사직 수행이 순탄할 수 없었다. 2018년 12월 갤럽이 내놓은 그해(8월~12월 평균) 16명의 시도지사 직무수행 평가에서 이재명은 꼴찌를 했다. 이 조사에서 이재명이 잘하고 있다고 응답한 비율은 42%에 그쳤고, 잘못한다는 응답은 38%였다.

이재명은 2017년 민주당 대선 경선에서 3위에 오르며 대권주자로 각광을 받았다. 문재인이 57%로 크게 앞선 1위였고, 2위 안희정(21.5%)에 겨우 0.3%p 뒤진 21.2%로 3위에 올랐다. 국회의원이나 광역단체장을 경험하지 않은 이재명이 2위 같은 3위를 하며 이목을 끌었다. 촛불 정국이 한창이던 2016년 12월 갤럽 조사에서는 대선 후보 지지율에서 18%를 기록하기도 했다.

떠오르는 차기 대권주자였던 이재명은 경기도지사가 되자마자 각종 의혹으로 수사를 받고, 도정 평가에서 꼴찌를 차지하며 나락으로 떨어졌다. 급기야 2019년 2월 18일 경제 현안 관련 기자회견 도중 형님 관련 질문이 나오자 "죽은 형님과 살아 있는 동생을 한 무리에 집어넣고 이전투구 시킨 다음 구경하고 놀리고 그러지 말았으면 좋겠다"라고 언론에 호소했다. 그의 눈에 눈물이 고였다. 이재명은 "제가 왜 가슴 아픈 집안일을 법정에서 공개적으로 말해야 하느냐. 너무 가혹하고 잔인한 것 같다"고 말했다.

2019년 말 갤럽의 차기 정치 지도자 호감도 조사에서도 이재명은 범여권 후보 중 꼴등이었다. '호감이 간다'는 응답 비율은 이낙연(50%), 심상정(39%), 박원순(32%), 이재명(29%) 순이었다. 2020년 1월 리얼미터의 '여야 차기 대선후보 선호도' 조사에서는 5.6%에 그쳤다. 1위 이낙연 29.9%, 2위 황교안 17.7%에 한참 못 미치는 수치였다. 여기저기서 "대권주자로서 이재명은 끝났다"

라는 평가가 나왔다.

이런 와중에 2020년 1월 20일 국내에서 코로나19 환자가 처음 발생했다. 이후 추가 환자가 나오지 않으면서 당국은 방역에 성공했다고 자신했지만 불과 한 달 뒤인 2월 말경 국내 발생 환자가 2,000명을 넘었다. 대구 신천지교회에서 무더기로 확진자가 나왔고 전국에서 소규모 집단 감염이 발생했다. 신천지발 코로나19 감염자가 전국으로 퍼지고 있다는 공포가 번졌다. 사람들은 패닉에 빠졌다.

보건 당국은 당장 신천지 신도 명단을 확보해 추가 감염자가 없는지, 숨은 환자는 없는지 찾아야 했다. 하지만 명단 확보는 생각처럼 쉽지 않았다. 그러자 2월 25일 이재명은 경기 과천시의 신천지 총회 본수를 찾아가 명단을 입수한다. 그리고 사흘 뒤인 2월 28일 도내 신천지 신도 3만 3,809명에 대한 긴급 전수 조사를 벌인 결과 코로나19 유중상자가 740명으로 집계됐다고 기자회견을 열었다.

정부가 못한 일을 이재명이 해냈다고 국민은 열광했다. 코로나19 방역과 관련된 스포트라이트가 이재명에게 집중됐다. 절체절명의 보건 위기 상황에서 전 국민의 절반 이상이 사는 수도권 방역에 공을 세운 것이다. 이렇듯 뚜렷한 성과를 보이자 2020년 2월 리얼미터가 조사한 대선 후보 선호도에서 전달 5.6%에서 두 배 이상 상승한 13%를 기록했다.

이재명이 방역에서 성과를 거둔 것은 감염병과 관련된 지방정부의 권한을 적극적으로 해석했기 때문이다. 감염병예방법에 따르면 국가와 함께 지방정부도 감염병의 예방 및 방역 등에 대한 책무를 가지며(제4조), 이를 위하여 각종 권한을 행사할 수 있다. 이재명은 지방정부 수장으로서 이런 권한을 적극 활용해 전투력을 발휘한 것이다.

이재명은 질병 방역에 이어 경제 방역에 나섰다. 2020년 3월 24일 도청에서 기자회견을 열어 코로나19로 위축된 경제를 살리기 위해 도민 1인당 10만 원씩 재난기본소득을 지급한다고 전격 발표했다. 이재명은 "코로나19로 맞게 된 역사적 위기 국면에서 위기를 기회로 만들며 새로운 시대를 준비해야 한다"며 "코로나19로 인한 미증유의 경제위기는 기본소득의 필요성을 절감하고 도입을 앞당기는 계기가 됐다"고 밝혔다. 재난기본소득은 지급일로부터 3개월이 지나면 소멸하는 지역화폐로 지급했다. 서민 경제를 지원하고 지역 상권을 살리는 일석이조의 효과를 거두기 위한 목적에서였다.

당시 서민들은 경제적으로 큰 어려움을 겪었다. 특히 자영업자와 소상공인은 처음 겪어보는 생존의 위기를 맞았다. 재난기본소득은 전쟁에 준하는 거대 재난에서 나를 도와줄 국가가 존재한다는 것을 보여주었다. 경기도의 재난기본소득 지급은 재난 시 국가가 국민에 현금(이에 준하는 지역화폐 등)을 지원한 사실상 첫 사례였다.

경기도가 2020년 5월 지역화폐 가맹점 1,000곳을 대상으로 조사한 결과, 재난기본소득 지급 이후 자영업 점포의 월매출은 코로나19 초기인 2~3월 대비 18% 증가했다. 매출이 코로나19 이전 수준의 79%까지 회복됐다는 의미다.

경기도의 재난기본소득 지급은 많은 논쟁을 불렀다. 중앙정부의 재정 지출도 자극했다. 2020년 4월 3일 정부는 이전 달 건강보험료 기준으로 소득 하위 70% 이하를 대상으로 재난지원금을 지급하겠다고 발표했다. 이런 정부 입장이 나오자 전 국민에게 지급해야 한다는 목소리가 높아졌다. 이윽고 정부는 22일 모든 국민에게 지급하는 방향으로 전환했다고 밝혔다. 이 논쟁은 위기 상황에서 국가 재정은 서민을 위해 써야 한다는 인식을 국민에게 심어줬다.

2020년 9월 추석을 앞두고 2차 재난지원금이 논의되는 상황에서 동아일보는 재난지원금 지급의 효율성과 효과를 위해서는 보편 지급이 타당하다고 주장했다. 칼럼의 제목은 〈재난지원금, 신념의 문제 아니다〉였다.

2차 재난지원금이 가시화되고 있다. 당정청은 이번 주에 안을 만들어 추석 전에 시행하겠다고 한다. 1차 때와 달리 선별 지급에 비중을 두고 있다. 이낙연 더불어민주당 대표는 "더 급한 분들께 더 빨리, 더 두텁게 도움을 드리는 것이 이론상 맞다. 저의 신념"이라고 했다.

이 대표 말대로 더 어려운 사람에게 더 두텁게 빨리 줄 수 있다면 최선이다. 하지만 현실은 말처럼 그리 간단하지 않다. 코로나19로 어려워진 사람을 선별하려면 시간이 걸린다. 추석 전엔 힘들 수 있다.

1차 때 경기도와 서울시를 비교하면 쉽다. 당시 중앙정부가 주는 지원금과 별개로 경기도는 모든 도민에게 1인당 10만 원씩 재난기본소득을 줬다. 3~4주 만에 지급했다. 반면 서울시는 소득 하위 50%에게 가구당 30만~50만 원을 줬는데, 선별 지급하는 데 3~4개월 걸렸다. 3,000억 원으로 예상했던 예산은 5,000억 원으로 늘었고 선별하는 행정비용만 300억 원 들었다.

정부가 1차 재난지원금을 선별 지원했다면 지금까지도 다 지급하지 못했을 것이다. 2차는 어떤 방식의 선별인지 모르겠으나 1차 때 기획재정부가 내놨던 소득 하위 50%나 70%는 안 된다. 건강보험료로 소득 하위 50%나 70%를 선별하는 것인데, 건보료는 작년이나 2018년 소득을 기준으로 한다. 코로나로 인한 소득 감소나 피해를 전혀 반영할 수 없다. 선별하는 데 몇 개월 걸리는 것은 물론이다.

이런 현실적인 이유도 있지만, 나는 사회통합이나 경제성과 측면에서도 한 번 더 전부 주는 것도 괜찮다고 생각한다. 민주당 대표 경선 때 김부겸 후보는 전 국민 지급을 주장했다. 그는 "선별은 정확성이 떨어지고, 정확하지 않으면 반드시 공정성 시비가 일게 마련"이라고 했는데 그 말이 옳다. "하위 50%는 주고 50.1%는 안 주는 것은 합리적이지 않다"는 이재명 경기도지사의 말도 같은 맥락이다. (중략)

이재명은 재난지원금 지급과 관련해 소극적인 태도를 보인 문재인 정부와 여러 차례 각을 세웠다. 당정청이 2차 재난지원금을 선별 지급하기로 하자 2020년 9월 6일 페이스북에 "분열에 따른 갈등과 혼란, 배제에 의한 소외감, 문재인 정부와 민주당, 나아가 국가와 공동체에 대한 원망과 배신감이 불길처럼 퍼져가는 것이 제 눈에 뚜렷이 보입니다"라고 강하게 비판했다. 이재명은 "불환빈 환불균', 2400년 전 중국의 맹자도, 250년 전 조선왕조 시대에 다산도 '백성은 가난보다도 불공정에 분노하니 정치에선 가난보다 불공정을 더 걱정하라'고 가르쳤습니다"라며 "하물며, 국민이 주인이라는 민주공화국에서 모두가 어렵고 불안한 위기에 대리인에 의해 강제당한 차별이 가져올 후폭풍이 너무 두렵습니다"라고 질타했다.

나를 비롯한 경기도 참모들은 이 글이 몹시 당혹스러웠다. 당시는 이재명이 소위 친문 세력으로부터 미움 받던 때라서 정부와 각을 세우는 건 대권 가도에 불리하다고 판단했던 때였다. 하지만 그가 국가 역할을 방기하는 정부에 대해 분노하는 진심을 알기에 말릴 수 없었다.

이재명은 홍남기 부총리 겸 기획재정부 장관과 설전을 벌였다. 2021년 7월 15일 페이스북에 '홍남기 부총리님, 정치 말고 행정을 하십시오'라는 제목을 글을 올렸다. 이 글에서 "억지 그만 부리고 여야 최초 합의대로, 집권여당의 방침대로 전 국민 재난지원금을 지급하라"고 주장했다. 이재명은 "정부 살림살이를 책임지는 경제수장이라면 국제신용평가사 핑계로 자린고비 행세할 것이 아니라 코로나로 어려워진 서민경제와 국민생계를 먼저 걱정해야 한다"며 "재정 여력이 부족하다는 전 국민 재난지원금 반대 이유도 상식 밖"이라고 비판했다. 당시 민주당은 33조 원 규모의 2차 추가경정예산(추경)안에 포함된 재난지원금을 전 국민에게 지급하기로 당론을 결정했다. 그럼에도 홍 부총리는 이에 대해 줄곧 반대 입장을 보였다.

코로나19 상황에서 돋보이는 성과를 내면서 이재명의 지지율은 치솟았다. 2020년 7월 16일 선거법 위반 혐의 등에 대해 대법원에서 무죄 판결이 나오자 이재명의 대선주자 선호도(리얼미터 조사 기준)는 19.6%까지 올랐다. 이낙연의 25.6%에 이어서 전체 2위였다. 이는 판결 전인 전달보다 4%p나 상승한 수치였다.

2021년 신년 초 이낙연이 '이명박, 박근혜 사면' 발언으로 논란을 일으키자 대선주자 선호도는 요동쳤다. 전달 18.2%로 동률이었던 이재명과 이낙연의 선호도는 한 달 만인 2021년 1월 이재명 23.4%, 이낙연 13.6%가 됐다. 이제 민주당의 대세는 이재명으로 기우는 분위기가 뚜렷했다. 이재명은 성과를 바탕으로 유력 대권주자에 올랐다.

이재명이 존경하는 정치인 중 한 사람은 미국의 프랭클린 루스벨트 대통령(1882~1945)이다. 루스벨트 대통령은 대공황 위기 상황에서 미국의 경제를 재건하고 사회제도를 개선해 미국을 세계 최고 강대국으로 만든 정치인이다. 사회·복지제도 측면에서 유럽에 비해 한창 뒤떨어졌던 미국은 루스벨트 집권 시기를 거치며 복지국가의 틀을 갖췄다.

로베르토 M. 웅거Roberto Mangabeira Unger 하버드 로스쿨 법철학 교수는 저서 《진보의 대안The Left Alternative》에서 루스벨트 정부를 이렇게 평가했다. 미국은 2차 대전이라는 비상사태를 맞아 자유시장이라는 '종교'를 대신해 국가 자원의 강제적 동원, 최상층 계층에 대해 몰수 수준에 가까운 높은 한계세율의 부과, 민간기업과 정부 사이뿐 아니라 민간기업들 간에도 규칙에 얽매이지 않는 상호 조정을 확립했다. 그 결과는 엄청났다. (루스벨트 집권 첫) 4년 사이에 GDP가 거의 2배가 됐다. 대공황의 위기를 발전의 기회로 삼은 루스벨트는 이재명이 꿈꾸는 정치인이었다.

2021년 7월 1일 온라인으로 발표된 이재명의 대선 출마 선언문에는 루스벨트의 정신이 담겨 있다. 전환기의 국가의 역할에 대해 이재명은 다음과 같이 말했다.

전 세계적인 대전환의 위기를 경제 재도약의 기회로 만드는 강력한 경제부흥정책을 즉시 시작하겠습니다. 획기적인 미래형 경제산업 전환으로 양질의 일자리를 늘리고 국가재정력을 확충해서 보편복지국가의 토대를 만들겠습니다. 기본소득 도입으로 부족한 소비를 늘려서 경제를 살리고, 누구나 최소한의 경제적 풍요를 누리면서 하고 싶은 일을 할 수 있는 그런 사회를 만들겠습니다.

문재인 정부는 코로나19라는 거대한 위기 국면에서 약자와 국민을 위한 재정 활용에 미흡한 면이 있었다. 민주당 20대 대선 선거대책위 자료에 따르면, 코로나19 사태가 시작된 2020년 초부터 2021년 상반기까지 우리의 코로나 추가재정 대응 규모는 국내총생산GDP 대비 4.5%에 그쳤다. 미국이 GDP 대비 25.4%로 가장 많았고, 싱가포르와 호주가 각각 18.4%, 일본 16.5%, 독일이 13.6%에 이르렀다. 신흥시장국인 태국(11.4%)과 중국(4.8%)도 우리보다 많았다. 선진국 평균이 17.3%였던 것을 보면 경제 10위권인 우리의 지원 규모가 현저하게 낮았음을 알 수 있다.

우리가 가계에 직접 지원한 금액은 1차 재난지원금 14조 2,000억 원, 5차 재난지원금 11조 원으로 모두 25조 2,000억 원이었다. 이 금액은 2020년 GDP 대비 1.3%에 그치는 것이었고, 1인당 받은 돈은 50만 원 수준으로 1인당 GDP 대비 1.3%에 불과했다.

반면 미국은 가계를 살리기 위해 무차별적으로 돈을 풀었다. 세 차례에 걸쳐 가계를 직접 지원했는데, 총 규모가 8,610억 달러로 2020년 GDP 대비 4.1%에 이른다. 이렇게 국민에게 뿌려진 '헬리콥터 머니'는 고난의 시절을 버티는 힘이 됐다.

우리가 쓴 예산은 북유럽 복지국가인 덴마크(3.5%), 스웨덴(4.2%), 핀란드(4.3%) 다음으로 적었다. 이들 나라는 기존 복지지출이 많고 사회안전망이 잘 갖춰져 있어서 현금 지원보다 실업보험, 수당 등 기존 전달체계를 주로 활용했다. 유럽에 비해 복지

체계가 부족한 미국과 일본은 현금 지원을 선택했다. 하지만 우리는 충분한 현금 지원도 튼튼한 사회안전망도 없었다.

재난기본소득 지급은 국가란 어떤 의미인지를 다시 생각하게 했다. 위기에 닥쳤을 때 나를 보호해주는 국가가 있다는 사실을 새삼 깨닫게 됐다. 이재명이 경기도지사로서 이룬 진정한 성과는 국가의 역할을 환기시키고, 주권자의 권리를 자각시킨 점이다.

비전과 만났을 때:
시대의 화두 기본소득

대선 기간 동안 여러 외신 기자들과 만날 기회가 있었다. 일본 기자들은 국내 정치상황을 잘 알고 있었다. 내각제인 열도의 정치 풍토 때문인지 정당 내 역학구조, 정치 세력 간의 갈등 등에 관심이 많았다. 그들은 "친문과 이재명의 관계는 요즘 어떻게 진행되고 있느냐"고 질문했다.

정치 공학에 관심 많던 일본 특파원들이 정책적인 관심을 나타낸 분야가 있었는데, 바로 기본소득이다. 가까운 이웃나라 한국에서 기본소득이 대선의 주요 의제 중 하나라는 점에 깊은 인상을 받았다고 했다. 게다가 한국처럼 1인당 국민소득이 3만 달러가 넘는 경제 강국에서 기본소득이 행해진다면 그 영향이 일본에도 미칠 수 있다고 봤기 때문이다. 기본소득 도입을 주장한 이재명은 흥미로운 정치인이라고, 일본 기자들은 평가했다.

이재명의 기본소득 구상은 2017년 6월 중국에서 열린 다보스 포럼에서의 발언으로 알려졌다. 이재명 성남시장은 포럼의 '사회안전망 4.0' 토론회에서 "4차 산업혁명 시대에 사회안전망을 보장할 수 있는 가장 효과적인 방법은 기본소득 정책의 도입"이라고 밝혔다. 이재명은 "4차 산업혁명 시대에 성장 위주의 정책만 치중하다 보니 일자리 감소와 대량실업 문제 등에 대한 대책 마련은 부실한 상황"이라며 "기본소득 정책은 일자리 부족과 자원의 독점에 따른 불평등을 해소하는 데 용이한 정책"이라고 말했다. 성남에서 시행한 청년 배당 등이 기본소득의 사례다.

경기도에서 이재명의 기본소득은 보다 구체화됐다. 경기도는 2019년 4월 8일부터 청년기본소득의 1분기 신청 접수를 시작했다. 도내에 3년 이상 거주한 만 24세 청년은 소득, 학력 등 자격 조건에 관계없이 누구나 분기별로 25만 원씩 연간 최대 100만 원을 지역화폐로 받을 수 있었다. 그해 1분기 12만 4,335명이 청년기본소득을 신청했다.

이재명의 청년기본소득은 토마 피케티Thomas Piketty 프랑스 파리경제대 교수의 '청년 기본자산'과 맥이 닿아 있다. 피케티는 2019년 저서 《자본과 이데올로기Capital et idéologie》에서 만 25세 되는 모든 청년에게 12만 유로(약 1억 7,000만 원)를 지급하자고 주장했다. 자본의 대물림과 이로 인한 불평등의 영속화를 막기 위해 인생의 출발선에 선 청년에게 자산 축적의 기본이 되는 자금을 국가가 지급하자는 것이었다.

경기도에서는 2019년 4월 29~30일 국내 최초로 '기본소득 박람회'가 열렸다. 영국 시민기본소득트러스트의 애니 밀러와 강남훈 한신대 교수 등 국내외 기본소득 전문가들의 토론이 열렸고, 기본소득에 관한 시민의 이해를 높이기 위한 행사가 마련되었다.

경기도의 기본소득 실험은 세대별로는 청년층에서, 지역별로는 농촌에서 시작됐다. 2022년 5월 경기 연천군 청산면 주민 3,452명에게 1인당 월 15만 원이 지역화폐로 지급됐다. 경기도는 "농촌기본소득 시범사업 대상지로 확정된 지난해(2021년) 12월 말 청산면 인구는 3,895명이었으나, 올해 5월 말에는 4,172명으로 277명(7.1%) 증가했다"고 밝혔다. 청산면 인구는 해마다 줄었는데 기본소득 지급 기대감으로 인구 유입이 있었다는 게 경기도의 분석이다.

기본소득은 대선 과정에서 뜨거운 논란이 됐다. 그만큼 관심이 큰 사안이라는 방증이기도 했다. 민주당 내에서도 반대의 목소리가 높았다. 이낙연, 정세균 후보, 임종석 전 의원 등이 공개적으로 기본소득에 반대했다. 임종석 전 의원은 여러 차례 기본소득을 비판했는데, 페이스북에 "지금 우리 사회에서 기본소득제 목소리를 내는 분들의 주장은 번지수가 많이 다르다"며 "자산·소득에 상관없이 모두에게 균등하게 지급하자는 것은 정의롭지도, 현실적이지도 않다"고 주장했다. 2017년 4월 문재인 민주당 대통령 후보의 복지특보단장을 지낸 이상이 제주대 교수는 저서 《기본소득 비판》에서 '기본소득은 복지 사각지대를 메우는 대안이 될 수 없다'는 요지로 반대했다. 김기현 국민의힘 대표는 여름휴가에 이 책을 가져갔다고 언급하며 기본소득 반대 논리로 활용했다.

정치권의 반대 움직임에도 불구하고 대중의 기본소득에 대한 관심은 여전히 뜨겁다. 2022년 8월 더불어민주당 새로고침위원회가 발간한 보고서 〈이기는 민주당 어떻게 가능한가〉에서도 이런 사실을 확인할 수 있다. 이 보고서는 중요한 의미가 있는데, 2022년 대선과 지방선거에서 패배한 민주당이 정체성, 정책, 이미지에 대한 유권자의 의견을 묻고 비전을 세우기 위해 작성한 것이기 때문이다.

민주당 지지층뿐 아니라 무당층 등 3,000명을 대상으로 실시한 이 조사에서 응답자들은 '대선 및 지선 정책 중 시급히 추진해주길 희망하는 정책'으로 10.8%가 기본소득을 1순위로 꼽았다. 이어 민생활력(9.9%), 균형성장(8.1%), 탄소중립(7.8%), 기본주택(7.5%), 정치개혁(7.4%), 일하는 사람들 권리보장(6.4%), 공정질서(6.1%), 산업혁신(5.5%), 인재양성(4.8%), 에너지전환(4.4%) 순으로 선호도를 나타냈다. 이 조사를 통해서도 기본소득 도입에 대한 대중의 열망이 뜨겁다는 사실을 확인할 수 있다.

2023년 8월 23일에는 한국에서 '현실 속의 기본소득'이란 주제로 제22차 기본소득지구네트워크BIEN(Basic Income Earth Network) 대회가 열렸다. 기본소득지구네트워크는 1986년 유럽에서 출발한 단체로 전 세계의 기본소득 연구자, 활동가 등으로 구성됐다. 이 대회가 7년 만에 한국에서 개최된 것은 지난 20대 대선을 치르며 한국이 기본소득 논의의 중심이 됐음을 의미한다.

코로나19 사태 속에서 기본소득은 전 세계적으로 주목받았다. 또한 인공지능^AI과 로봇의 급격한 도입으로 인간의 노동가치 논의가 활발해지면서 기본소득에 대한 관심 또한 높아졌다. 미국 빅테크 기업을 대표하는 마크 저커버그, 일론 머스크, 빌 게이츠 등은 자본주의가 지속 가능하려면 기본소득 도입이 필요하다고 주장했다.

기본소득지구네트워크 대회에서는 코로나19 사태 당시 각국에서 이뤄진 기본소득 실험의 성과가 소개됐다. 높은 범죄율과 빈곤으로 악명 높은 미국 캘리포니아주 중부의 스톡턴은 무작위로 선정한 주민 125명에게 1년 6개월 동안 매달 500달러를 줬다. 빈곤한 이유가 현금이 부족해서라고 분석했기 때문이다. 실험 결과에 따르면, 돈을 주면 노동 의욕이 떨어질 것이라는 예상과 달리 구직 단념 수급자는 전체의 2%에 미치지 못했다. 지급된 금액의 40%는 식료품 구입에, 25%는 생필품 구매에 사용됐다. 우려와 달리 허투루 쓴 돈이 많지 않다는 뜻이다. 이런 성과에 대해 네트워크의 공동 창립자인 가이 스탠딩 런던대 교수는 "미국의 실험이 (기본소득) 스토리텔링의 힘 있는 근거가 될 수 있다"고 평가했다.

개막식 축사를 통해 이재명은 "기술이 생산의 주력이 되는 새로운 시대에는 생존을 위한 최소한의 삶이 아니라, 인간다운 기본적인 삶을 보장할 수 있어야 한다"며 "기본소득은 이제 우리 사회가 당면한 현실적인 문제를 해결할 수 있는 당당한 정책적 대안으로 자리 잡고 있다"고 말했다.

기본소득은 여전히 논란의 대상이다. 대선 과정에서도 그랬다. 나는 논의가 좀 더 활발히 진행된 이후 대선의 의제가 됐다면 기본소득에 갖는 낯선 느낌을 줄일 수 있었을 것이라고 본다. 그럼에도 기본소득은 산업구조 대전환과 기후 위기의 시대에 중요한 의제임이 분명하다.

로베르토 M. 웅거 교수는 이렇게 말했다. "비록 흠결이 있더라도 대안을 담은 강력한 메시지로 간주된 국가적 실험은, 어떤 것이든지 눈부실 정도로 빠르게 그 의미가 전 세계에 울려 퍼질 수 있다. 불가능해 보이던 도전행위가 실천되고 나면 불가피한 것으로 보일 것이다."

한 국가의 담대한 정책 실험이 전 세계적으로 큰 영향을 미칠수 있다는 뜻이다. 한국의 기본소득 실험은 전 세계적으로 의미가 있을 것이다. 한국은 기후 위기, 산업 대전환의 시대에 세계의 정치, 경제 담론을 주도하는 국가가 될 수 있다.

이재명의
아름다운 순간

　　이재명은 대학 졸업과 동시인 1986년 사법시험에 합격했다. 1986년 11월 4일 경인일보에는 그의 사법시험 합격 기사가 실렸다. 지금이야 로스쿨에서 한 해 1,500명이 넘는 변호사가 배출되지만, 당시에는 사법시험 합격자가 300명이던 시절이다. 사시에 합격하면 지역에 플래카드가 붙었다. 〈"지역서 억울한 사람 도울터"…불우 극복 사법고시 합격한 이재명 씨〉란 제목의 경기 지역 신문 기사에서, 이재명은 "앞으로 성남에서 변호사 사무실을 열어 억울한 사람을 위해 일하겠다"라고 포부를 밝혔다.

　　이재명은 1989년 사법연수원을 수료하고 자신의 말처럼 지역에서 변호사를 시작했다. 오마이뉴스 최경준 기자는 2020년 6월 이재명의 젊은 변호사 시절을 상세히 기억하는 인물을 인터뷰했다. 주인공은 김재기 씨였다. 김 씨의 이야기는 1989년 5월 13일에서 시작된다. 이날 이재명 변호사는 경기 이천시 창전파출소 건너편 건물 지하에 노동법률상담소를 열었다. 김재기 씨는 이 상담소의 간사였다.

당시 서울 구로, 부천 등에서는 1987년 노동자 대투쟁 이후 노동운동이 활발했다. 하지만 이천, 광주, 여주 등의 지역은 노동자들의 권리 보호가 열악했다. 26세 변호사 이재명이 상담소를 차리자 당시 국가안전기획부(안기부)의 감시를 뚫고 노동 현장에서 불이익을 당한 노동자들이 하루 수십 명씩 상담소 문을 두드렸다.

이재명은 상담소에서 함께 활동하게 된 노동자들과 단합 대회를 갔다. 노동자들의 마음에는 젊은 엘리트 변호사에 대한 의심이 남아 있었다. '젊은 변호사가 우리를 의식화시키러 온 것이 아닐까' '저러다가 금방 노동법률 상담 그만두고 가겠지' 등의 의심이었다. 이재명은 단합 대회 술자리에서 먼저 본인의 인생 이야기를 꺼냈다. 자신은 학교 문턱도 못 가본 노동자 출신이라며 공장에서 매 맞던 경험, 미싱 바늘에 찍혀 구멍이 난 손, 프레스에 눌려 굽은 팔을 얘기했다. 그러면서 노동가요 '잘린 손가락'을 불렀다.

'짤린 손가락 바라보면서 소주 한잔 마시는 밤 / 덜걱덜걱 기계 소리 귓가에 남아 하늘 바라보았네 / 짤린 손가락 묻고 오는 밤 설운 눈물 흘리는 밤 / 피 묻은 작업복에 지나간 내 청춘 이리도 서럽구나' (중략)

친교의 장은 울음바다가 됐고 노동자들은 저마다 자신의 아픈 인생사와 가정사를 쏟아냈다. 어느덧 의심은 사라지고 노동자들은 마음을 열었다.

김재기 씨는 노동법률사무소의 보증금에 관한 얘기도 꺼냈다. 당시에는 몰랐는데, 나중에 알고 보니 노동법률사무소를 여는 데 쓰인 2천만 원은 이재명 본인의 성남 변호사사무실 보증금이었다. 이재명은 그 돈을 노동법률사무소에 주고, 자신은 고 조영래 변호사와 본인이 다녔던 검정고시학원 원장에게 빌렸다.

고난으로 점철된 이재명의 인생에도 화양연화 같은 때가 있었다. 1991년 3월 31일 김혜경 씨와 결혼한 날이다. 청춘이 꽃피는 순간이기도 했지만, 변호사로서의 삶이 빛나는 시간이기도 했다.

산에는 잔설이 남아 있던 봄, 결혼식장에는 허름한 외투를 입은 이들이 몰려들었다. 누가 봐도 하객이라고 보기 힘든 옷차림이었다. 목발을 짚고 온 이도 있었다. 당시 결혼식에 참석한 지인은 "보통 결혼식장에는 잘 차려입은 하객들로 색색의 파스텔 분위기가 만연한 데 반해, 이날 식장은 우중충한 회색이었다"라고 당시를 떠올렸다. 남루한 차림의 하객들은 무료 변론 등으로 이재명에게 신세를 진 건설 노동자, 학생 운동으로 구속된 학생들의 학부모, 지역의 노점상, 장애인 등이었다.

이 하객 중 20여 명에게는 특별한 시간이 주어졌다. 이들은 연단에 나와 마이크를 잡고 축사를 이어갔다. "앞길이 막막했는데 이재명 변호사의 도움으로 살아났다" "이재명 덕분에 법의 보호를 입었다"라며 저마다 그와의 인연을 얘기했다.

여기저기서 박수가 터져 나왔고 눈물을 흘리는 이들도 있었다. 하객들은 "이재명 만세" "성남을 일으킬 사람이 나왔다" 등을 연호했다. 결혼식장은 축제의 장을 넘어 이재명의 정치 출정식 같은 분위기가 됐다. 축사가 이어지면서 결혼식 피로연은 3시간이나 순연됐다. 결혼식에 참석한 이재명의 대학 동기 10여 명은 "판검사를 거부하고 지역에서 인권변호사 한다더니, 여기 오니까 그 활약상이 보이네"라고 말했다.

정치인의 미담은 대중을 끄는 데 유용한 도구다. 없는 미담도 만들어 알리고 싶어 하는 사람들이 정치인이다. 하지만 이재명은 이미지 정치를 싫어한다. 본인은 절대 이런 얘기를 꺼낸 적이 없다. 이재명에 관한 훈훈한 이야기들은 주변 사람들의 입에서 입으로 전해진 것들이다.

이재명이 자주 하는 말이 있다. "그 사람의 미래를 알려거든 그 사람의 과거를 보라." 이 말처럼 그의 과거를 보면 공익 활동이 보인다.

글을 맺으며

선거를 몇 번 치러봤다. 20대 대선에서 민주당의 선거대책위원회 대변인으로, 제8회 지방선거에서는 민주당 경기도지사 선대위 공보단 부단장으로 일했다. 선거 과정에서 유권자를 많이 만났다. 그들은 즐거운 표정이었다. 민주주의의 축제가 열리자 유권자는 하고 싶은 이야기를 쏟아냈다. 최소한 선거 기간만이라도 사람들은 희망을 이야기했다. 정치를 통해 내 삶이 조금 나아질 것이라는 꿈 말이다. 그 에너지와 맞닥뜨릴 때마다 기뻤다. '모든 이들이 미래로의 전진을 계획하고 간절히 원한다'는 분위기를 이루는 것만으로도 즐거웠다.

선거 과정에서 유권자는 제안을 내놓았다. "이러면 우리 사회가 좋아진다"라고 저마다 해법을 말했다. 정치는 유권자들이 내놓는 지혜를 모으는 과정이라고 생각한다. 지혜를 모아 삶을 개선하는 게 정치다. 답은 국민 속에 이미 있다.

이재명의 정치가 그랬다. 이재명의 정치는 성남의료원 설립이 무산됐을 때 시작됐다. 전국 최초로 주민이 발의한 공공의료원 설립 조례를 정치인들이 무산시켰다. 1만 8,525명 주민 서명으로 이뤄진 조례가 무산된 순간 이재명은 정치를 떠올렸다. 좌절 속에서 희망을 틔웠다. 주권자의 지혜를 무시한 정치를 직접 바꿔보겠다고 나섰다.

브라질의 사회개혁가이자 미국 하버드 로스쿨 종신교수인 로베르토 M. 웅거는 사회를 이렇게 정의한다. '사회는 주어지는 것이 아니라 만들어지는 것이다. 사회와 문화의 구조들은 일종의 동결되어 있는 투쟁이다. 실제적, 혹은 정신적인 싸움의 봉쇄와 저지로부터 생겨난다.'

웅거의 말처럼 제도와 법은 영속적인 것이 아니다. 인간의 삶을 개선시키기 위해, 다수의 복리를 증진하기 위해 언제든 바꾸면 되는 것이다. 현대 사회에서 정치는 제도와 법을 통해 이뤄진다. 지혜를 모아 제도와 법을 개선하면 삶을 바꿀 수 있다. 웅거의 말을 거론하지 않아도 유권자들은 이를 알고 있다. 다만 지나온 정치의 후진성 때문에, 정치를 자기 것이라고 생각하지 않았기에 지레 포기했을 뿐이다. 선거는 이런 유권자들에게 다시 용기를 불어넣는 과정이다.

매스미디어는 지난 대선 기간 동안 유권자를 정치로부터 분리했다. '정치는 더러운 것이며, 어떤 자가 하더라도 다 똑같다'라는 생각을 세뇌시키려 했다. 정치적인 희망을 절망으로 바꿔버렸다. 모두가 5급수 정치인이 됐다. 그 과정에서 후보들의 차이는 무의미해졌다. 누가 삶을 개선할 능력이 있는지, 누구의 지나온 삶이 평가할 만한지 전통 미디어를 통해선 알 수 없었다. 이 책은 그 과정을 자세히 들여다보았다.

희망을 버리면 우리의 삶은 무의미하다. 취업할 가능성이 사라지고, 살 집을 얻을 수 없으며, 내 저임금이 개선될 가능성이 없다고 느끼면 사회는 정지한다. 정치가 희망을 주고 삶을 끌고 가야 한다. 정치라는 바퀴를 돌려 미래로 한 걸음 나아가야 한다.

나도 정치라는 바퀴의 일부가 되려고 한다. 전공인 미디어를 넘어 국민의 삶 여러 영역으로 스며들려고 한다. 돌부리와 자갈길이 기다리고 있다. 진입의 허들도 높기만 하다. 그래도 가보련다. 선거에서 느꼈던 에너지를 더 느끼고 싶다. 우리의 삶이 함께 아름다워질 것이라는 희망의 에너지를 느끼러 간다.

일러두기

· 복잡하게 뒤얽힌 사안으로 보이는 대장동 관련 이슈들을 이해하기 쉽도록
  주제별 Q&A 형식으로 정리해 실었습니다.
· 제20대 대선 더불어민주당 경선시 이재명 열린캠프에서 작성한 내용입니다.

【대장동 개발사업 개요 및 경과】

Q1 최근 논란이 되고 있는 성남 대장동 개발사업이 뭔가요?

A1 성남 대장동 개발사업 하면 대장동 택지개발사업만을 떠올릴 수 있는데, 사실은 대장동 택지개발사업에 구시가지(원도심)에 공원을 조성하는 사업이 결합된 2개의 사업입니다. 즉, 성남시 분당구 대장동 210번지 일원에 5,903세대의 공동주택 등을 신축하기 위한 920,467㎡(약 278,440평)의 택지를 개발하고, 이외 연계하여 구시가지에 위치한 수정구 신흥동의 구 제1공단 56,022㎡(약 16,946평) 부지를 공원화하는 1조 5천억 원 규모의 민관공동 도시개발사업입니다.

이재명 당시 성남시장은 수정구 신흥동에 위치한 구 제1공단을 주민의 휴식을 위한 번듯한 공원으로 조성하고, 이를 통해 신시가지와 균형발전을 도모하는 사업을 구상하고 있었습니다. 제1공단의 공원화는 당시 성남시민의 숙원이었으나 시의 막대한 재정 부담으로 시행이 어려웠던 상황이었지요.

이재명 시장은 당시 대장동 택지개발사업의 개발이익을 환수하여 제1공단 공원화 사업에 투입하는 구상을 현실화하였고, 대장동 개발이익 환수와 구시가지 숙원사업을 동시에 해결하고자 하였던 것입니다. 결국, 대장동 개발사업은 제1공단 공원화와 함께 그 지하에 400면가량의 주차장 또한 대장동 개발이익으로 짓도록 하여 구시가지의 주차난도 해소하는 일거삼득의 효과를 거둔 사업입니다.

이재명 시장은 서로 다른 지역(대장동 사업지와 제1공단은 다른 구에 위치하고 거리도 10km나 떨어져 있음)의 사업을 묶는, 당시까지만 해도 매우 생소하였던 '결합개발방식'이라는 도시개발방식을 창의적이고 획기적으로 도입하고 실천해낸 것입니다.

Q2 대장동 개발사업은 원래부터 공영개발이었나요?

A2 중요한 질문입니다. 대장동 개발사업은 처음에는 LH(한국토지주택공사)가 공영개발로 진행하고 있었는데, 국민의힘 전신인 한나라당 소속 신 모 국회의원 측이 개입해서 민간개발로 바꿨어요. 신 모 의원 동생 등 관련자 여러 명이 구속돼서 처벌받았습니다.

이재명 지사가 2010년 6월 지방선거에서 성남시장에 당선된 후 다시 공영개발로 바꿔서 성남시에 5,503억 원의 엄청난 수익을 환수한 것입니다. 정확하게 말하면, 민관공동도시개발사업으로서 '부분 공영개발'입니다(다만, 이하에서는 이를 민간개발과 구별하는 의미에서 '공영개발'이라 합니다).

민간개발을 그대로 뒀다면 민간사업자가 개발이익을 100% 독식하게 되어 있었습니다. 이걸 이재명 당시 시장이 막고 공익으로 환수한 겁니다. 그래서 모범적인 공익사업이라고 하는 것입니다.

Q3 성남시가 성남도시개발공사를 통해 독자적으로 공영개발을 할 수도 있지 않나요?

A3 이재명 당시 성남시장은 대장동 개발사업 시행 이전인 2011년 위례신도시의 일부 부지를 LH로부터 매입하여 이주자를 위한 아파트 건립사업을 독자적으로 추진하고자 하였습니다. 그러나, 당시 성남시 의회를 장악한 새누리당(한국의힘 전신) 소속 시의회의원들이 성남시 재정이 파탄난다고 이에 반대하여 사업이 무산된 바 있습니다.

그리고 대장동 택지개발사업은 1조 5천억 원이 넘는 사업비가 들어갈 것으로 예상되었습니다. 성남시와 성남도시개발공사는 이런 막대한 사업자금을 투자할 능력도 없고, 조직도 없고, 대규모 개발 경험도 없었어요. 그래서 이에 대한 타협책으로 이 3가지의 위험은 민간사업자가 모두 부담하나, 성남시는 위험 부담 없이 상당한 개발이익을 환수할 수 있는 민관공동개발사업을 추진한 것입니다.

Q4 대장동 개발사업이 공영개발과 민영개발 사이에서 왔다 갔다 한 이유는 무엇인가요?

A4 대장동 개발사업은 2005년에 LH의 공영개발사업으로 확정되어 추진되고 있다가, 2010년에 이명박 대통령의 발언 및 국민의힘 전신인 한나라당 신영수 전 국회의원의 압력 등으로 민간개발로 바뀌었다가, 이재명 후보가 2010년 6월 성남시장에 당

선된 후 공영개발로 다시 바뀐 이력이 있습니다. 그 자세한 이유는 다음과 같습니다.

성남시 대장동 일대는 LH 공공개발에서 민간개발로 전환되기 전부터 개발계획 소문이 돌며 대부분의 대지가 팔렸습니다. 2005년 11월에는 토지수용 보상수익을 노리고 불법으로 토지를 사들인 공무원과 업자 총 22명이 경찰에 적발되기도 했습니다.

이명박 대통령은 2009년 10월 7일 "LH는 민간회사와 경쟁할 필요가 없다. 민간기업이 이익이 나지 않아 하지 않겠다는 분야를 보완해야 한다"라고 말했고, 다음 날인 2009년 10월 8일 이지송 당시 LH 사장은 기자회견에서 "민간과 경쟁하는 부분은 폐지하겠다"고 발언했습니다.

신영수 당시 한나라당(국민의힘 전신) 국회의원은 2009년 10월 20일 LH 국정감사에서 이명박 대통령의 발언을 인용하며 대장동 개발사업을 포기하라고 압박했습니다. 결국, 다음해인 2010년 6월 LH는 대장동 공영개발사업을 철회했습니다. 이명박 대통령과 국민의힘 전신 한나라당이 나서서 LH에게 이권이 보장된 사업을 포기하라고 강요했습니다.

이재명 후보는 2010년 6월 지방선거에서 성남시장에 당선되면서 이상하게 공영개발에서 민간개발로 사업이 변경된 것을 지적했습니다. 이 후보는 자신의 페이스북과 트위터, 언론인터뷰 등에서 한나라당의 부정한 커넥션 의혹을 제기했습니다.

그리고 당시 한나라당 의원과 관련된 비리가 드러났습니다.

LH의 공영 개발을 압박한 신영수 국회의원의 동생이 수억대 뇌물을 받는 등 부동산업자의 '대장동 로비사건'이 있었고, LH 간부 등이 이에 연루되어 6명이 구속되고 9명이 기소됐습니다.

대장동 개발사업은 이재명 후보가 성남시장에 취임한 후 넉달 만에 성남시 공영개발로 전환되었고, '불로소득은 시민에게'라는 원칙 아래 성남시에 가장 많은 공공이익을 보장할 사업체를 공모했습니다. 그중 하나은행 컨소시엄의 조건이 가장 안정적인 확정이익을 담보할 수 있어 최종 낙점을 받았습니다.

이재명 시장은 성남시민의 숙원이나 시의 재정적 부담이 컸던 1공단 공원 조성사업을 대장동 사업의 개발이익으로 해결하는 묘수를 찾아냈고, 최초 사업계약까지 변경하여 성남시가 부담해야 하는 공사비를 사업자가 추가로 부담하게 하였습니다. 이재명 시장은 또 법률가로서의 장점을 살려 민간사업자가 나중에 딴소리를 하지 못하도록 추후 '성남시를 상대로 소송을 제기하지 않겠다'라는 부제소특약까지 하게 하는 등 성남시의 개발이익 환수를 보장하기 위한 이중 삼중의 안전장치를 마련하였습니다.

이재명 후보는 민간사업자가 개발이익을 100% 독식할 뻔한 것을 막고 성남시민에게 5,503억 상당의 이익이 환수되도록 했습니다. 특혜를 준 것이 아니라 '특혜를 환수'한 것입니다.

Q5 대장동 개발사업이 공영개발로 최종적으로 바뀐 후에는 순조롭게 진행되었나요?

A5 그렇지 않습니다. 이재명 당시 성남시장이 민간개발에서 공영개발로 다시 변경한 이후에도, 당시 성남시의회 다수당이 었던 한나라당 시의원들이 대장동 개발을 위해 필수조건인 성남 도시개발공사 설립 조례안을 반대하면서 난항을 겪었습니다. 결국 예산안이 가결되지 않아 준예산 사태까지 갔다가 시민들의 적극적인 참여로 한나라당 시의원들 내부에서 반란표가 발생하여 가까스로 조례안을 가결시켰습니다.

여기서 또 다시 신영수 당시 한나라당(국민의힘 전신) 전 국회의원이 등장합니다. 신영수 전 의원은 2009년 LH가 공영개발을 포기하도록 국정감사 등을 통해 압박한 장본인인데, 2014년 1월 대장동 택지개발 이익으로 1공단을 공원화하겠다는 것은 '선거용 기만정책'이라면서 즉각 취소해야 한다고 주장했습니다. 신영수 전 의원은 대장동 사업에 유난히 집착을 보이면서 2014년 6월 지방선거에서 한나라당 성남시장 후보로 출마까지 하였으나 낙선하였습니다.

결국 이재명 시장이 2014년 6월 지방선거에서 신영수 후보를 누르고 재선됨으로써 비로소 본궤도에 오를 수 있게 되었습니다.

그러나 최근 일부 토건세력과 국민의힘 관련 인사가 대장동 개발사업에 옷만 갈아입고 깊숙이 들어와 있는 것을 알고는 깜짝 놀라지 않을 수 없었습니다.

【민간사업자 공모 및 선정】

Q6 사업자 선정은 어떤 절차로 이루어졌나요?

A6 성남도시개발공사는 공영개발의 취지를 철저하게 살리기 위해 2015년 2월 13일 민간사업자 공모 공고를 내고 공개경쟁으로 선정하도록 했습니다. 성남도시개발공사는 같은 해 2월 24일에 사업설명회를 거치고 질의 회신 기간을 가진 후, 같은 해 3월 26일에 사업계획서를 접수하도록 했습니다. 모든 절차는 미리 일반에 공개된 공모지침서에 따라 공정하고 투명하게 이루어졌습니다.

Q7 민간사업자 공모에 참여한 업체는 어떻게 되고, 하나은행 컨소시엄이 선정된 이유는 무엇인가요?

A7 총 3개 컨소시엄이 참여했는데, 하나은행 주관, 산업은행 주관, 메리츠증권 주관 컨소시엄 등입니다. 그중 성남도시개발공사에게 5,503억 원 상당의 개발이익 환수를 보장하고, 자금조달능력이 가장 우수하였던 하나은행 주관 컨소시엄이 민간사업자로 선정되었습니다.

대장동 개발사업은 약 1조 5천억 원의 사업비가 소요될 것으로 예상되어 이러한 막대한 자금 조달능력이 가장 중요한 심사 기준이었고, 하나은행, 국민은행, 기업은행 등 우리나라의 대표적인 은행이 구성원으로 참가한 하나은행 컨소시엄이 자금조달

능력과 경험을 인정받아 선정된 것입니다.

Q8 민간사업자 공모에서 성남의뜰 컨소시엄을 우선협상대상자로 선정하는 심사가 단 하루 만에 끝나서 졸속심사 또는 내정심사라는 문제제기가 있는데요?

A8 의혹이랄 게 없습니다. 신속한 심사는 심사과정에 입찰 참가자의 입김이 작용할 수 없도록 차단하는 가장 효과적인 방법입니다. 절차적으로도 전혀 문제가 없었습니다. 공모지침서에 심사기간 제한도 두지 않았어요. 심사위원 명부에서 누가 실제로 심사위원이 되는지 아무도 알 수가 없습니다. 심사 당일인 2015년 3월 27일 오전 7시에 전화해서 참석이 가능한 심사위원들을 모셔서 심사를 진행했습니다. 심사위원들이나 성남시 공무원, 성남도시개발공사의 관계자에 대한 로비나 압력, 청탁을 원천 차단한 것이죠. 전혀 문제가 없습니다.

그리고 공모지침서에 평가 항목이 이미 제시되어 있습니다. 시간이 많이 걸릴 이유가 없어요. 심사 당일에 심사를 모두 끝내고 오후 6시 넘겨서 우선협상대상자를 발표했습니다. 모든 절차는 투명하고 공정하게 진행되었습니다. 선정되지 못한 다른 2개 컨소시엄도 전혀 이의제기가 없었습니다.

이와 관련하여, 성남도시개발공사 관계자 A씨는 대장동 개발사업의 추진과정을 소상히 알 수 있는 위치에 있는 인물로 9월 22일 언론 인터뷰 보도에서 "공모 접수 마감날 사업자 로비를 막고 보안을 유지하기 위해 공사 사무실에서 종이 상자를 깔고 밤을 보냈다. 보통 공공기관이나 공기업이 하는 대부분의 심사는 하루 만에 끝난다. 시간을 길게 두면 오히려 로비를 받을 가능성이 있다. 하나은행 컨소시엄은 탈락한 2개의 컨소시엄이 경쟁이 안 될 정도로 높은 점수를 받았다. 평가위원들 사이에서도 이견이 없었고, 탈락한 컨소시엄도 이의제기를 하지 않았다"라고 말했습니다.

Q9 일부 언론이 자산관리회사 동반 시행사에 '특혜점수' 또는 '가산점수'를 주었다고 보도했는데, 이에 대한 견해는?

A9 한마디로 오보입니다. 심사기준과 점수는 이미 공모지침서에 공개되어 있었습니다. 공모지침서를 보면, '프로젝트의 자산관리회사의 경우에는 공모 공고일 이후에 설립되는 경우라 하더라도 사업신청자의 구성원으로 참여하는 것이 가능하다'고 기재되어 있어요.

공모지침서의 배점표를 보면, 사업계획서 평가점수 총점이 1,000점인데, 사업계획의 평가 650점, 운영계획 평가 350점으로 구성되어 있어요. 자산관리회사 설립 및 운영계획에 20점을 부여하고 있는데, 그중 자산관리회사의 설립 및 운영계획 10점, 조직편성 및 인력운영 계획 10점입니다.

일부 언론에서는 화천대유가 참가한 하나은행 컨소시엄만 20점을 더 받아 특혜라고 합니다. 그런데, 공모지침서의 내용과 점수 구성을 종합하면, 자산관리회사를 사전에 설립한 경우뿐만 아니라 미설립 상태에서 향후 설립계획 및 운영계획만 제출해도 평가점수를 받을 수 있게 되어 있습니다. 원래 배정되어 있는 점수를 주는 것인데, 왜 특혜점수이고, 가산점입니까?

언론보도 내용대로라면, 다른 컨소시엄이 자산관리회사를 참여시키지 않았다면 그 점수를 포기한 컨소시엄 책임이지요. 정당한 점수를 받은 컨소시엄을 비난하는 것은 상식에 맞지 않습니다.

Q10 대장동 개발사업에 아무 실적도 없는 화천대유를 미리 내정해두고 심사했다는 말이 있는데요?

A10 이는 전혀 사실이 아닙니다. 성남도시개발공사는 민간사업자 선정에 관하여 일반에 공개모집하여 이에 응한 신청자에 대하여 이미 사전에 공개한 심사기준에 따라 심사해 우선협상대상자를 선정하였습니다.

대장동 개발사업은 총사업비가 약 1조 5천억 원에 이르는 막대한 재원이 조달되어야 하는 사업으로 민간사업자의 핵심적 자격요건은 안정적인 자금조달능력입니다. 따라서 민간사업자의 대표는 금융기관이 되어야 한다고 하였으며, 사업자 선정 기준도 전체 배점에서 재원조달계획, 출자자의 재무건전성, 부동산 PF 대출 실적 등 자금조달 관련 항목이 전체 1,000점 중 420점에 달하고, 화천대유가 관련되는 자산관리회사와 관련된 항목은

겨우 20점에 불과합니다.

결론적으로, 대장동 개발사업의 공모 결과 화천대유가 속한 컨소시엄이 선정된 이유는 하나은행을 비롯한 금융기관이 높은 점수를 받아 그에 소속된 화천대유가 덩달아 선정된 것입니다. 심사 기준과 과정, 결과는 화천대유에 특혜를 주고 싶어도 그럴 수 없는 구조입니다.

Q11 화천대유는 어떤 회사이며, 어떤 역할을 하였나요?

A11 화천대유의 전체 명칭은 주식회사화천대유자산관리(이하 '화천대유')입니다. 화천대유는 성남의뜰 주식회사(이하 '성남의뜰')의 지분 1%를 가지고 있는데, 보통주 기준으로는 14.28%입니다. 구조를 보면, 성남의뜰은 법인세법상 프로젝트금융투자회사PFV이고, PFV는 직원을 둘 수 없게 되어 있어요. 그래서 실질적으로 사업 실무와 자산관리업무를 수행할 회사가 필요한데 그 자산관리회사AMC가 바로 화천대유입니다.

그리고 화천대유 자본금이 5,000만 원밖에 안 되느냐고 그러는데, 원래 PFV는 특수목적법인으로서 법인세법상 최소자본금이 50억 원입니다. 화천대유와 같은 자산관리회사는 최소자본금 규정이 없어요. 사업기간 동안만 운영되고 사업이 끝나면 청산될 법인인데, 굳이 자본금을 크게 할 이유가 없습니다.

그리고 성남시가 5,503억 원을 먼저 가져가는 구조이기 때문에, 민간영역은 자신들이 자율적으로 결정하는 것이지, 특별히 불법사항이 적발되지 않는 한 간섭할 수가 없는 겁니다. 투자자가 10명이든 100명이든 그들이 알아서 결정하면 되는 것이죠.

【관공동사업(공영개발)의 구성 및 운영】

Q12 민관공동사업체는 어떻게 구성하였고, 그 구조는 어떻게 되나요?

A12 공모지침서에 대장동 개발사업을 수행하기 위하여 특수목적법인SPC인 법인세법상 프로젝트금융투자회사PFV를 설립하여 시행하는 것으로 명시되어 있습니다. 대장동 개발사업의 시행사인 그 PFV가 성남의뜰입니다. PFV는 특정한 사업만을 위해 설립하는 특수목적법인의 한 종류입니다. 성남도시개발공사는 성남의뜰의 지분 50%+1주를 갖고, 민간사업자는 50%-1주를 갖기로 하였습니다.

성남의뜰은 페이퍼 컴퍼니로서 직원을 둘 수 없게 되어 있기 때문에, 자산관리 및 수탁업무를 관리해줄 자산관리회사가 필요한데 그 자산관리회사가 바로 화천대유입니다. 자산관리회사는 PFV의 설립에 앞서 설립될 수도 있고, PFV가 설립된 후 PFV가 100% 출자하거나 투자자 및 이해관계자들이 출자해 설립될 수도 있습니다.

Q13 성남의뜰의 주주 구성은 어떻게 되나요?

A13 주주 구성은 다음과 같습니다.

출자자		출자금(천원)	주식 수	지분율	비고
공공사업자	성남도시개발공사	2,500,005	500,0001	50%+1주	1종 우선주
민간사업자	하나은행	700,000	140,000	14%	2종 우선주
	국민은행	400,000	80,000	8%	
	기업은행	400,000	80,000	8%	
	동양생명	400,000	80,000	8%	
	하나자산신탁	250,000	50,000	5%	
	회천대유자산관리	49,995	9,999	1%-1주	보통주
	SK증권	300,000	60,000	6%	
합계		5,000,000	1,000,000		

주주 구성을 보면, 기본적으로 성남도시개발공사가 50%+1주를 갖고, 민간사업자는 50%-1주를 가집니다. 주식은 우선주와 보통주로 구성되고, 우선주는 1종 우선주와 2종 우선주로 구성되어 있습니다. 우선주도 의결권이 있는 것이 특징입니다. 성남시는 1종 우선주를, 금융기관은 2종 우선주를 각자 갖고, 보통주는 화천대유와 SK증권이 갖는 것으로 구성되어 있습니다.

Q14 성남시와 금융기관은 왜 우선주를 갖게 되었나요?

A14 우선주는 보통주에 앞서 이익을 배당받을 수 있는 특혜가 있는 주식을 말합니다. 사업이 예상대로 잘 진행되지 않아 수익이 일부밖에 발생하지 않는 경우에도 우선주를 보유한 주주는

보통주를 가진 주주에 앞서 그 수익을 가져갈 수 있습니다. 그래서 부동산 개발사업에서 발생하는 위험을 부담하지 않으려는 경우 우선주를 선호합니다. 반대로 민간사업자는 사업에 대한 위험을 부담하는 대신, 우선주에 대한 배당을 제외한 나머지 수익을 가져갈 수 있습니다. 이른바 하이 리스크, 하이 리턴high risk, high return이지요.

성남시가 대장동 개발사업을 민관공동개발사업으로 추진한 이유는 자금조달과 PF 대출금 보증 등의 사업 위험을 부담하지 않으면서도 일정한 개발이익을 환수하기 위한 것이므로 당연히 우선주를 선택한 것입니다. 금융기관 역시 민간사업자이기는 하나 사업 위험을 부담하지 않으려고 우선주를 선택한 것입니다.

성남시는 우선주를 선택하여 투자 한 푼 하지 않고 5,503억 원 상당액의 확정수익을 1순위로 확보했습니다. 보통주를 가진 민간사업자는 성남시에 1순위로 배당해야 할 5,503억 원 상당액 및 2순위 우선주를 보유한 금융기관에 배당할 수익, 즉 1, 2순위 우선주에 배당할 수익 합계 금액을 넘기지 못하면, 투자원금도 건지지 못하는 일이 발생할 수 있습니다. 만약 민간사업자가 5,503억 원을 훨씬 상회하는 수익을 얻는 경우, 그 초과 수익은 모두 보통주를 가진 주주의 수익이 됩니다.

한편, 2014년 7월 박근혜 정부 당시 최경환 경제부총리가 '빚내서 집 사라'고 할 정도로 부동산 경기가 얼어붙은 상황이었어요. 금리까지 내렸죠. 국내에서 민간이 참여하는 신도시개발사업이 거의 없었기 때문에 대장동 개발사업에 7,000억 원의 PF를 하기 위해 30여 개 금융기관을 접촉했지만 10여 개의 금융기관만 참여했습니다. 이러한 사정에서도 금융기관이 우선주를 선택한 배경을 이해할 수 있습니다.

Q15 컨소시엄 구성 시에 건설회사를 배제한 특별한 이유가 있나요?

A15 대장동 개발사업은 택지개발사업이므로 그 공사를 담당할 시공사는 건설회사가 됩니다. 만일 건설회사가 사업시행자인 PFV에 지분 참여를 하게 되면 사업시행자와 시공사 사이에 이해상충 문제가 발생할 수 있어 제외된 것입니다. 공모지침서에도 그렇게 기재되어 있습니다.

또 건설회사가 배제된 금융기관 중심의 PFV는 낮은 금리로 사업비를 조달할 수 있으며, 경쟁입찰을 통해 공사비를 낮출 수 있다는 점에서 성공 가능성이 높아집니다. 최근 GTX-A노선 사업에서도 신한은행 컨소시엄이 현대건설 컨소시엄을 누르고 사업권을 확보한 사례가 있는데, 조달 금리와 건설 공사비를 낮추었다는 점에서 우위를 점한 것으로 평가받고 있습니다.

그리고 이재명 후보는 성남시장 시절에 건설회사들이 최대 이익을 남기려고 경쟁할 경우 공영개발의 공익성이 저해될 수 있다고 본 겁니다. 개발사업에서 가장 큰 부분이 건설입니다. 건설회사들이 자신 또는 타인의 명의로 토지를 사들인다든지 하면

시공비 외에도 지가 상승 등으로 엄청난 이익을 보게 됩니다. 이 것을 사전에 차단하기 위해 건설회사를 배제한 것으로 알려져 있습니다.

Q16 대장동 개발사업은 아무 위험(리스크)도 없는 땅 짚고 헤엄 치기 사업이었다는 말이 있는데요?

A16 전혀 그렇지 않습니다. 부동산 개발사업의 기본을 모르 고 하는 말입니다. 일부에서는 부동산 개발사업의 3대 리스크는 토지 확보, 인허가, 분양인데, 대장동 사업의 경우 인허가권자인 성남시장이 사업을 추진한 것이고, 사업부지를 수용할 수 있어 토지 확보 리스크도 없으며, 판교 밑에 위치하여 분양에 대한 리 스크도 전혀 없었다고 주장합니다.

그러나 이는 사업 초기의 사정을 무시하고, 사후적으로 결과 만을 보고 평가하는 것입니다. 도시개발법에 따른 사업의 경우 토지를 수용할 수 있습니다. 그러나 토지 수용을 한다고 토지 확 보가 바로 되는 것이 아니라 끊임없는 보상협의와 보상분쟁이 있기 때문에 장기간 시일이 소요됩니다. 만약 주민의 의사를 무 시하고 사업을 추진할 경우, 주민들의 반대에 부딪쳐 사업이 중 도에 좌초하거나 한없이 지연되는 사례가 많은데, 대장동 역시 마찬가지로 토지 확보가 쉬운 것만은 아니었습니다.

인허가 역시 성남시가 참여하고 있으니 무조건 되는 것이 아 니라 도시개발법을 비롯한 여러 법적인 요건을 충족시키는 노력을 하지 않으면 아무리 성남시라도 되게 할 수가 없는 것입니다.

분양 역시 당시에는 부동산 경기가 지금과 달리 좋지 않았으며, 택지개발사업이 장기간에 걸친 사업이라는 점을 고려하면, 2008년과 같은 금융위기로 부동산 가격 폭락사태가 벌어질지 여부를 아무도 장담할 수 없었습니다. 부동산 개발에서 이러한 사정을 무시하고 부동산 가격이 폭등한 현 시점을 기준으로 사후적으로 리스트가 없었다고 말하는 것은 온당하지 못한 것입니다.

Q17 대장동 사업에서 위험(리스크) 부담은 어떻게 분담했나요?

A17 성남도시개발공사는 PFV인 성남의뜰에 25억 원을 출자하였고, 나중에 사업기간 종료 시에 돌려받기로 했습니다. 공사는 위험(리스크)을 전혀 부담하지 않으면서도 확정수익으로 5,503억 원 상당액을 확보했습니다. 공사는 1종 우선주로서 1,822억 원까지 최우선적으로 배당받도록 설계했습니다. 우선주를 가진 금융기관은 합계 21억 5천만 원을 출자했고, 위 금융기관은 2종 우선주로 공사 다음 순서로 배당을 받습니다.

이에 반해 SK증권과 화천대유는 각각 3억 원과 5천만 원을 보통주로 출자했는데, 1, 2종 우선주가 배당을 받아간 다음 남는 이익금이 있어야만 배당을 받습니다.

화천대유 이성문 대표는 이에 대해 "성남시는 대장동 개발사업에서 자기들이 절대 손해 안 보고 사업이 망하든 흥하든 원하는 수익을 다 뽑아가는 구조를 만들어놨다. 성남시 입장에선 단

1원도 투자하지 않고 5천억 원 넘는 이익을 가져가는 셈이다. 만약 수익이 제대로 나지 않았다면 화천대유는 단 한 푼도 건질 수 없는 위험부담을 안고 시작한 사업이다"라고 말했습니다.

결국 성남시가 화천대유 등 민간사업자에게 특혜를 준 것이 아니라 민간개발로 그대로 두었으면 민간사업자가 가져갈 특혜를 성남시로 환수하였다는 것을 명징하게 증명하고 있습니다.

Q18 당시 성남의뜰과 화천대유 입장에서 감당해야 했던 위험(리스크)은 무엇인가요?

A18 성남의뜰은 성남도시개발공사와 민간사업자 등이 공동으로 출자하여 법인세법에 따라 설립한 프로젝트금융투자회사이고, 대장동 개발사업의 시행자입니다. 성남의뜰은 사업 시행자로서 인허가, 보상, 공사시행, 준공, 분양 등 사업수행 전체에 대한 책임과 권한을 가지고 있으며, 금융기관과의 PF 대출약정에 따른 지급보증을 했을 가능성이 큽니다. 성남의뜰은 이와 같은 위험(리스크)을 부담하고 있습니다.

성남도시개발공사가 성남의뜰 발행주식 중 50%+1주를 갖고, 민간사업자는 50%-1주를 가지고 있습니다. 성남도시개발공사의 주식은 우선주이지만 의결권까지 갖고 있기 때문에 성남의뜰을 지배한다고 볼 수 있습니다. 당시 성남시의 주요 관심은 대장동 사업이 중단되지 않고 종결되는 것이었는데, 중단되면 5,503억 원 확보가 어려워질 수 있기 때문입니다.

성남의뜰은 페이퍼 컴퍼니라서 직원을 둘 수 없기 때문에, 자산 관리 운용 및 처분에 관한 업무를 자산관리회사인 화천대유에게 위탁하도록 하였습니다. 화천대유는 자산관리회사로서의 역할과 성남의뜰 주주로서의 역할을 겸하고 있었던 것으로 보입니다.

화천대유는 우선협상대상자 선정 이후 금융기관 PF 대출금이 확정될 때까지 운영비, 보상협의를 위한 지주작업비용, 각종 용역비 등에 엄청난 자금을 조달해야 합니다.

9월 19일 언론에 보도된 내용을 보니, 화천대유 이성문 대표가 대장동 사업을 위해 2015년 5월부터 2016년 12월까지 즉, 우선협상대상자 선정 이후 금융기관 프로젝트 파이낸싱(PF) 7,000억 원이 성사될 때까지 순차적으로 투입한 금액만 350억 원이라고 말했지요. 사업협약이행 보증금 약 72억 원, 각종 인허가 용역비 125억 원, 자산관리 및 사업관리 수수료 약 95억 원, 기타 58억 원 등을 사용했다고 했어요.

화천대유 입장에서는 PF 소요자금 350억 원에 대한 위험(리스크)을 부담하고, 금융기관 PF 대출금 7,000억 원에 대한 연대보증까지 한 경우에는 그에 대한 상환 리스크를 부담하고, 회사 주식까지 담보로 제공하고, 사업이 잘 안 될 경우를 가정하여 시행권포기각서를 징구당하게 됩니다. 화천대유는 대장동 사업에 대한 모든 리스크를 부담하였습니다. 대장동 사업에 대해 무한책임을 진 것입니다.

한마디로 사업이 잘 안 되면, 초기 사업비로 투입한 350억 원을 모두 날리는 것 외에도 PF 대출금 7,000억 원을 상환하지 못하는 경우 화천대유와 그 대표는 완전히 망하고 신용불량자가 됩니다. 그리고 집도 경매에 넘어가고 가족도 길거리에 나앉게 되는 것입니다.

Q19 사실상 성남의뜰의 보통주 지분 100%를 소유한 것으로 알려진 자산관리회사 화천대유 대표 A씨가 있는데요. 부동산 개발 경력이 전무한 전직 언론인이 세운 신생업체가 1조 원 규모의 도시개발사업에 참여하게 된 경위를 지적하는 목소리가 나옵니다. 어떻게 생각하시나요?

A19 우선 질문에서 잘못된 부분이 있습니다. 언론인 출신 김 모 씨는 PFV(프로젝트금융투자회사)인 성남의뜰의 보통주 100%를 가진 것이 아닙니다. 법인세법상 PFV는 직원을 둘 수 없습니다. 그래서 반드시 자산관리회사 즉 AMC를 만들게 되어 있어요.

김 씨는 화천대유의 지분 100%를 갖고 있다고 알려져 있지요. 김 씨 혼자 사업을 하는 것이 아닙니다. 각계의 부동산 개발 전문가들을 영입해서 운영한 것으로 알려져 있어요. 실제로 화천대유 이성문 대표는 서해안 고속도로 행담휴게소 운영사인 행담오션파크 대표이사를 역임한 인물로 성균관대 선배인 대주주 김 씨로부터 제안을 받고 대장동 사업에 참여하게 되었다고 말했습니다.

그다음 신생업체가 도시개발사업에 참여했다고 하는데, 대부분의 부동산 개발은 그 사업만을 위한 특수목적법인을 설립합니다. 당연히 그 특정사업에 임박하여 새로운 법인을 설립하지요. 그건 부동산 개발 실무상 전혀 문제가 되지 않습니다.

Q20 화천대유는 5,000만 원을 투자하여 500억 원이 넘는 배당을 받아 1,000배 또는 100,000% 이상의 수익을 냈다고 하는데요?

A20 한마디로 이는 투자금과 자본금을 구별하지 못해서 생기는 오해입니다. 부동산 개발사업에 투입되는 투자금은 자본금과는 비교할 수 없이 큰 엄청난 금액입니다. 화천대유에 투자했다는 5,000만 원은 화천대유의 설립 자본금임과 동시에 화천대유가 성남의뜰에 주주로서 출자한 자본금입니다.

민간사업자 중 하나은행 등 금융기관은 사실상 대출을 해주는 역할만을 담당하기 때문에, 사업 초기 비용은 모두 화천대유가 부담해야 하고, 화천대유 대표의 언론 인터뷰에 의하면 그 비용이 350억 원 정도라고 합니다. 즉, 화천대유는 자본금으로는 5,000만 원을 투자하였지만, 사업 초기 비용으로 약 350억 원을 투자한 것입니다.

따라서 자본금만을 투자금이라고 전제하고 1,000배 또는 100,000% 이상의 수익을 냈다고 하는 것은 완전히 잘못된 계산입니다. 화천대유는 초기 사업비 약 350억 원에 대한 리스크, 금융기관 PF 대출금 7,000억 원에 대한 연대보증까지 한 경우에는 그에 대한 상환 리스크, 그 밖의 각종 보증 리스크 등을 부담하는 것을 전부 고려하여 수익률 계산을 해야 하는 것입니다.

Q21 결과론적이긴 하지만 약 4억 원을 투자한 화천대유 관계자들은 지난 3년간 4,040억 원의 배당금을 얻었습니다. '하이 리스크 하이 리턴'으로 볼 수 있을까요?

A21 화천대유는 대장동 사업에 약 350억 원을 투자하였으므로, 약 4억 원을 투자했다는 것은 전제부터 잘못된 것입니다. 또 4억 원은 화천대유 출자금 5,000만 원과 SK증권 출자금 3억 5,000만 원을 합하여 말하는 것으로 보이는데, SK증권의 출자금은 3억 원입니다. 화천대유의 투자금 350억 원은 해당연도 감사보고서 등의 자료에서 차입금 등을 통해 충분히 확인됩니다.

이재명 지사는 당시 경기도지사 출마를 위해 2018년 3월 2일에 성남시장직을 사임했습니다. 배당은 이재명 지사가 성남시장직을 사직한 이후에 현 시장 때에 진행된 일입니다.

2015년에는 부동산 경기가 지금처럼 좋지 않았어요. 2008년경 세계 금융위기로 인하여 부동산 경기가 좀처럼 살아나지 않았지요. 2015년 3월경 민간사업자의 기대 수익은 1,800억 원 정도로 지금처럼 크지 않았습니다. 최근에 부동산 가격 폭등으로 수익이 크게 늘어난 것이지요. 민간사업자가 운이 좋았다고 봐야겠지요. 그야말로 결과론적인 것입니다. 부동산 경기가 좋지 않았으면 쪽박을 찰 수도 있었어요.

성남시가 먼저 5,503억 원을 확보하고, 민간은 그다음에 남는 것이 있으면 가져가는 구조입니다. 화천대유는 수익이 5,503억 원에 미치지 못하면 손해 보는 것이고, 또 부동산경기가 악화되면 엄청난 손해를 입게 됩니다. 굳이 말하자면 '하이 리스크 하이 리턴'이라고 할 수 있겠지요.

Q22 성남도시개발공사는 민간사업자보다 더 많은 지분을 가지고 있는데, 민간사업자보다 더 적은 배당을 받은 것인가요?

A22 이는 성남도시개발공사에 주어진 배당을 잘못 이해한 것입니다. 일부 언론에서는 그중 성남도시개발공사가 배당을 받아간 금액이 1,822억 원인데, 지분 50%를 넘게 가지고도 배당은 38%밖에 받지 못해서 민간에 특혜를 주었다고 주장하고 있습니다. 그러나 이는 민간사업자가 성남도시개발공사에 무상으로 부담한 제1공단 공원조성비와 북측 터널공사비 등 실제 성남시 이익으로 귀속되는 금액을 간과한 결정적인 오류입니다.

민간사업자는 사업비로 성남도시개발공사에 제1공단 공원조성비 2,761억 원(=공원조성비 2,561억 원+지하주차장 200억 원) 및 북측 터널공사비 등 920억 원 총 3,681억 원을 배당금 1,822억 원 이외에 지출하였으므로, 대장동 개발사업에서 성남시가 받은 이익은 총 5,503억 원입니다.

결론적으로 성남시는 대장동 사업에 지분 50%+1주를 투자하고, 배당은 지분율을 초과한 57.7%를, 그것도 민간사업자보다 우선하여 받았습니다. 성남시가 지분보다 더 많은 배당을 받았는데, 민간사업자에게 특혜를 주었다고 할 수는 없는 것입니다.

Q23 이재명 지사는 9월 14일에 긴급 기자회견을 열고 '대장동 개발이익 5,503억 원은 성남시가 환수한 대표적인 모범개발행정사례다'라고 주장했습니다. 성남시가 이 사업으로 얻은 소득은 무엇이라고 보십니까?

A23 성남시가 얻은 소득은 엄청나지요. 구체적인 내역을 보면 ① 사업자가 2,761억 원으로 추산된 성남시 1공단 공원조성사업을 책임지고, ② 1,822억 원으로 추산된 대장동 A11블럭 임대주택부지를 제공하고, ③ 920억 원으로 추산된 사업지 인근 터널공사 등을 책임지는 것 등등입니다.

이재명 지사는 당시 성남시장으로서 성남시 원도심에 분당처럼 큰 공원이 없는 것을 안타깝게 생각하고, 반드시 시민의 휴식공간이 될 큰 공원을 만들기로 결심하였습니다. 그리고 그 후에 지가 상승 등으로 민간 사업자의 수익이 너무 많다고 생각하고 터널공사를 포함하는 인가조건을 변경한 후, 성남시 예산으로 해야 할 사업구역 외 기반시설을 시공하도록 한 것입니다.

공영개발에서 성남시처럼 5,503억 원 상당의 공공이익을 우선적으로 보장받은 사례가 없는 것으로 알고 있습니다. 이재명 지사가 당시 시장이었기 때문에 가능했던 것이지요. 그래서 대표적인 모범개발행정사례라고 하는 것입니다.

Q24 성남시는 민간사업자가 어마어마한 이익을 챙겨가는 것을 가만두었다고 하는데, 어떤가요?

A24 이는 대장동 사업의 추진 과정에서 성남시가 개발이익 환수를 위해 기울인 노력을 간과한 오해입니다. 그중 특혜와 거리가 먼 성남시 개발이익 환수 노력 4가지는 다음과 같습니다.

첫째, 대장동 사업은 택지개발뿐만 아니라 제1공단 공원조성 사업을 결합한 도시개발사업입니다. 만일 성남시가 대장동 사업에서 민간사업자에게 특혜를 주고자 하였다면, 대장동 택지개발과는 전혀 관련이 없어 법적 문제가 발생할 수도 있는 제1공단 공원조성사업을 처음부터 결합시키지 않았을 것입니다. 그러나 성남시는 구시가지 주민의 숙원사업이지만 재정적으로 큰 부담인 제1공단 조성사업을 대장동 사업에서 민간에 돌아갈 개발이익으로써 시행하려고 하였습니다. 성남시는 이를 민간사업자와의 사업협약을 통해 대장동 사업에서 제1순위로 제1공단 공원조성비를 부담하는 것으로 못박아두었습니다. 제1공단 공원조성비는 2,761억 원(=공원조성비 2,561억 원+지하 주차장 200억 원)입니다.

둘째, 성남시는 대장동 사업 중간인 2017년 6월 민간사업자에게 최초 사업약정에도 없던 대장동 사업부지 북측 터널공사와 배수지 신설 비용 등 920억 원 상당액을 부담하게 하였습니다. 원래는 성남시가 시 예산으로 공사하게 되어 있었는데, 이재명 당시 시장이 화천대유 대표로부터 "공산당"이라는 말까지 들어가면서 해낸 것입니다. 성남시가 민간사업자에게 특혜를 주고자

하였다면, 최초 사업자에게 최초 사업협약에도 없는 920억 원 상당액을 추가로 부담시키는 결정은 하지 않았을 것입니다.

셋째, 성남시는 주주로서의 이익뿐만 아니라 대장동 사업에서 사업관리위탁자로서 2020년 말까지 위탁수수료로 246억 원을 받았습니다. 사업위탁관리는 인허가 준비나 토지보상에 대한 업무로서, 보통 민간사업자가 비자금을 만드는 수단으로도 활용되거나 눈먼 돈으로 여겨지기도 하는데, 성남시는 개발이익 환수를 위해 법적으로 주어진 최대한의 조치를 취하고자 사업관리 업무까지 맡아 수수료 수입을 올린 것입니다. 민간사업자가 눈먼 돈으로 활용할 수 있는 사업까지 봉쇄했는데, 이는 특혜와는 어울리지 않는 조치입니다.

넷째, 성남시는 민간사업자와 부제소특약으로 나중의 소송을 봉쇄하였습니다. 대장동 사업 시행 도중 이와 결합된 제1공단 공원조성사업이 소송에 휘말리게 되어 사업지연 우려가 발생하였습니다. 이로 인하여 민간사업자가 공원조성사업에 대한 사업협약상의 의무이행을 하지 않을 가능성이 있어 이를 방지하고자 실시계획 인가조건 변경을 통해 제1공단 근린공원 조성사업을 인가조건으로 추가하고, 이에 더하여 민간사업자가 향후 이에 대해 법적인 문제제기를 하지 못하도록 부제소특약확약서까지 인감증명서를 첨부해 받았습니다.

이재명 당시 성남시장이 민간사업자에게 특혜를 주고자 하였다면, 이렇게까지 성남시의 이익을 확보하기 위한 법적 장치를 이중, 삼중으로 하는 수고를 할 필요가 없었을 것입니다.

Q25 이재명 당시 성남시장이 대장동 개발사업에서 환수한 이익은 처음부터 5,503억 원이었나요?

A25 그렇지 않습니다. 이재명 당시 시장의 노력으로 환수 금액이 증가하였습니다. 성남도시개발공사와 성남의뜰 컨소시엄은 2017년 6월 15일에 사업 협약을 체결하였는데, 공공의 이익 환수금액은 ① 제1공단 공원조성비로 2,561억 원, ② 임대주택부지 상당액인 사업배당이익 1,822억 원, 계 4,383억 원으로 확정하였습니다. 그 후 이재명 시장은 2017년 3월 이후 토지 가격이 상승하자 성남의뜰 등 민간사업자에게 공공의 이익을 더 부담하도록 하였는데, ③ 제1공단 공원 지하주차장 약 400면 추가 건립비용 약 200억 원, ④ 대장동 인근 배후시설 920억 원(북측 터널 600억 원, 대장 IC 확장 260억 원, 배수지 60억 원) 계 1,120억 원이 그것입니다.

이재명 시장이 확보한 공공의 이익은 합계 5,503억 원(=4,383억 원+1,120억 원)입니다. 하나의 사업에서 이렇게 엄청난 금액을 환수한 것은 전례가 없는 일로 이재명 시장이기 때문에 해낸 것입니다.

Q26 그런데 김경율 회계사는 "5,503억 원 중에 공원조성이나 인근 터널공사 같은 것은 일반 민간개발사업에서도 하는 기부채

납이고, 기부채납액 3,680억 원을 빼면 실질적인 성남시 배당액은 1,820억 원에 불과하다. 어느 개발사업에서나 이루어지는 기부채납을 수익이라고 생색낸다"라는 취지의 주장을 합니다. 어떻게 생각하시나요?

A26 그렇지 않습니다. 이 주장에는 중대한 오류가 있습니다. 김 회계사가 말하는 민간개발사업에서의 기부채납은 보통 그 사업과 관련된, 그 사업부지 내에서의 공공시설, 예컨대 도로, 학교, 주민센터 등 사업부지 내 주민들의 편의시설을 말하는 것입니다.

그런데 김 회계사가 보통 하는 기부채납이라는 제1공단 공원은 대장동 택지개발사업 부지에 위치한 공원이 아니라 그로부터 약 10㎞ 떨어진 다른 행정구역인 수정구 신흥동 구시가지에 위치해 있고, 이는 대장동 택지개발지구 주민을 위한 공공시설도 아닙니다. 따라서 이재명 당시 성남시장이 이를 대장동 택지개발사업에 묶어 추진하지 않았다면 기부채납이 이루어질 수 없는 것이며, 성남시가 자체 예산을 사용하여 설치해야만 하는 사업입니다. 이재명 당시 성남시장이 대장동 사업에 특혜를 주고자 하였다면, 그냥 대장동 택지개발사업만을 하면 되었을 것이고, 무리를 해가면서까지 제1공단 공원을 대장동 사업에 묶어서 결합개발방식으로 추진할 필요가 없었을 것입니다. 즉, 제1공단 공원은 개발이익의 공익으로의 환수라는 이재명 당시 시장의 의지와 신념의 결실이며, 그냥 보통의 개발사업에서 이루어지는 기부채납이 아님을 분명히 인식해야 할 것입니다.

따라서 김 회계사는 도시개발에서 통상 이루어지는 기부채납의 의미를 제대로 이해하지 못하고, 진실을 호도하려고 하는 것입니다.

Q27 화천대유는 1% 지분으로 대장동 개발사업의 모든 권한을 가지고 있나요?

A27 화천대유가 PFV인 성남의뜰의 전체 지분 1%를 갖는 것은 맞습니다. 성남의뜰은 우선주와 보통주로 나누어 주식을 발행하였는데, 성남도시개발공사가 50%+1주를 우선주로 가지고 있고 의결권도 있기 때문에 성남의뜰의 의사결정을 화천대유가 주도할 수는 없습니다.

화천대유의 총괄 임원이라고 밝힌 A씨는 지난 9월 15일 중앙일보와의 인터뷰 보도에서 "성남도시개발공사와 금융기관이 가진 우선주도 의결권을 가지고 있기 때문에 주주총회에 가면 우리는 발언 하나도 못한다. 이사 추천도 못했다"라고 말했습니다. A씨의 발언은 많은 것을 시사한다고 할 것입니다.

다만 화천대유가 성남의뜰이 사업자로 선정되기 전후해서 PF 대출금이 확정될 때까지 투입한 비용이 약 350억 원에 이른다고 한 만큼, 대장동 사업의 모든 위험(리스크)을 부담하고 있었기 때문에 어느 정도의 영향을 미쳤다고 추측할 수는 있을 것입니다. 더 이상 자세한 내용은 알 수가 없습니다.

Q28 이 사업 시기에 기획부동산의 토지 쪼개기도 성행했다, 이런 보도도 추가로 나왔거든요?

A28 그런 자세한 사항에 대해서는 아는 게 없습니다. 그리고 토지를 쪼개면 뭐합니까. 어차피 공영개발로 가면 수용할 것인데. 앞뒤가 안 맞는 말입니다. 물론 토지 소유자 숫자가 늘어나면 수용절차에서 보상협의에 시간이 많이 소요되는 단점은 있을 수 있습니다.

【이재명 후보가 특혜를 준 것인지 여부】

Q29 화천대유 소유주가 언론인으로 이재명 후보를 인터뷰했던 경력이 있다, 이걸 들어 후보와 연관성을 묻던데요?

A29 이재명 지사는 성남시장 재임 중 1,000여 건의 인터뷰를 했다고 해요. 그러면 1,000명 중의 한 명인데, 인터뷰 한 번 했다고 연관성이 있을 리가 없지요. 실제로도 이재명 지사는 그 언론인과 만나는 사이도 아니고 친분이 있는 것도 아닙니다.

Q30 이재명 지사는 단군 이래 최대 규모 공익환수사업이라고 하는데, 지금 문제제기의 핵심은 2015년 당시 사업을 진행한 성남의뜰 컨소시엄 주주 중 한 곳인 화천대유와 소유주 등 투자자 7명이 막대한 배당금을 챙겼다, 여기에 화천대유는 알짜배기 땅

분양시행권까지 무임승차해 어마어마한 이익을 봤다, 이건데요? 반박해주신다면?

A30 성남 대장동 사업은 전체 흐름에 대한 이해가 전제돼야 합니다. 일부분만 봐서는 안 되지요. 대장동 사업은 원래 LH가 2005년부터 공영개발로 진행하다가, 국민의힘 전신인 한나라당 신 모 국회의원 측이 로비와 압력을 넣어서 2010년 6월 민간개발로 변경됐죠. 이재명 지사가 2010년 6월 지방선거에서 성남시장에 당선된 후에 넉 달 만에 다시 공영개발로 바꾼 겁니다. 그 후 2011년 3월 성남시가 도시계획위원회를 열어 공영개발방식에 대해 심의의결을 하였습니다.

민간개발로 그대로 놔뒀으면 민간사업자가 개발이익을 독식하게 될 것을 이재명 당시 성남시장이 막은 거예요. 이재명 성남시장이 공영개발로 전환한 후 5,503억 원이라는 막대한 수익을 환수해서 성남시민에게 돌려드린 겁니다. 모범적인 공익사업이지요. 칭찬을 해도 모자랄 텐데, 그 반대로 한다면 문제입니다.

화천대유가 대장지구 15개 블록 중 5개 블록을 직접 시행해 큰 이익을 올린 것은 사실로 보입니다. 그러나 박근혜 정부는 2012년 8월부터 공공·민간 공동출자법인이 조성한 주택용지를 출자기관에 우선 공급해 민간의 참여를 활성화한다는 내용의 '보금자리주택법 시행령'과 '주택공급에 관한 규칙'을 개정하여 시행했는데, 법인에 출자한 공공시행자에게는 보금자리주택용지를, 민간사업자에게는 민간출자자 총 지분(50% 미만)의 범위

안에서 민영주택용지를 우선 공급하도록 했습니다. 이러한 출자자 우선공급제도에 따라 성남도시개발공사와 화천대유는 각각 토지를 우선공급받았고, 화천대유가 우선공급받은 토지는 85㎡ 이하여서 당연히 입찰대상이 아니므로 감정가격으로 인수한 것입니다.

2008년의 세계 금융위기의 여파가 계속 영향을 미치고 있던 2015년 당시 부동산 경기가 좋지 않은 상황에서, PF 대출을 해주는 금융기관 입장에서는 위와 같은 우선공급은 '책임매입약정'처럼 대출심사에서 긍정적으로 작용할 수 있습니다.

화천대유 이성문 대표는 "우리가 (2015년 2월) 사업계획서를 제출할 때 일부 토지는 출자자가 직접 사용하겠다고 제안했고, 이게 받아들여져 계획대로 이행한 것뿐이다. 화천대유는 감정가격으로 매수했으므로 부당한 특혜를 받은 게 하나도 없다"라고 밝혔습니다.

한편, 민간사업자 선정에 참여한 3개 컨소시엄 중 다른 하나는 대장지구 내 공동주택을 모두 직접 시행하겠다고 제안했다고 하므로, 화천대유가 특혜를 받았다는 주장은 사안의 본질을 외면한 일방적인 것입니다.

그리고 이재명 후보는 경기도지사 출마를 위해 2018년 3월 2일 성남시장직을 사직했기 때문에, 그 이후의 일은 후임 시장이 판단할 사항이라고 보아야 합니다.

Q31 공영개발로 진행되는 사업인데 화천대유가 경쟁입찰 없이 5개 부지시행권을 확보했으니 성남시가 살폈어야 한다, 이런 주장이 있던데요?

A31 공영개발에서 공공부문에서는 인허가권에 대한 행정적인 지원, 토지수용권 발동이 핵심입니다. 그래서 성남의뜰 지분 50%+1주를 성남도시개발공사가 갖고 5,503억 원을 환수하는 겁니다. 그것도 우선적으로 확정수익을 갖는 거죠.

경쟁입찰을 하든 다른 방식으로 하든, 사업협약이나 인가조건, 법률 위반 사항이 없으면 특별히 간섭하기 어려운 측면이 있습니다. 이재명 후보는 2018년 3월 2일 성남시장직을 사직했기 때문에, 그것은 후임 시장인 현 시장님이 판단해야 할 사항인 거죠.

다만, 이미 말씀드린 바와 같이 화천대유가 5개 블록을 직접 시행한 것은 박근혜 정부 시절 추진된 민영주택용지 출자자 우선공급제도에 따른 것이고 불법적인 사항이 있다는 말은 듣지 못하였습니다.

Q32 통상의 다른 개발사업과 비교해도 이건 특혜가 아닙니까?

A32 반대죠. 민간에게 특혜를 준 것이 아니라 민간개발의 특혜 중 절반 정도를 가져온 것입니다. 그것도 우선순위로 확정받은 것이죠. 이재명 당시 성남시장이 공영개발로 전환해서 민간사업자의 이익 중 5,503억 원을 성남시로 환수시킨 겁니다.

현재 민간사업자가 예기치 않은 부동산 가격 폭등으로 큰 수익을 올린 것은 결과론적인 것입니다. 2015년 공모와 계약 당시에는 지금처럼 부동산 경기가 좋지 않았어요. 부동산 가격이 2배가량 폭등하다 보니 덩달아 민간사업자의 이익이 커진 뿐입니다.

Q33 화천대유가 지분 1%, 자본금 5,000만 원을 넣고 어마어마한 수익을 챙기는 것을 성남시가 방조했다는 주장이 있는데, 이에 대해 어떻게 생각하는가요?

A33 이는 대장동 사업이 민관공동개발방식으로 진행된 것을 간과한 것에서 비롯된 오해입니다. 만일 민간개발로 그대로 놔두었다면, 화천대유 같은 민간사업자가 성남시가 환수한 5,503억 원도 그대로 챙겼을 것입니다. 그러나 성남시는 그렇게 두지 않고 공영개발로 전환하여 5,503억 원이라는 막대한 개발이익을 1순위로 환수하도록 설계하였습니다.

일부에서는 또 민간사업자가 가져간 이익 역시 수천억 원이라거나 성남시가 '완전 공영개발'을 했어야 한다는 식으로 비판합니다. 그러나 당시 성남시는 1조 5,000억 원에 달하는 막대한 사업비를 감당할 능력이 없었고, 미니신도시급 대규모 개발경험이 없었기 때문에 위와 같은 완전 공영개발 주장은 현실적으로 불가능합니다. 성남시로서는 민간사업자에게 자금조달과 사업진행에 대한 위험을 전부 부담시키면서도 최대한 개발이익을 환수하는 방식을 취할 수밖에 없었던 것입니다.

대장동 사업에서 민간사업자가 얻은 이익은 4,040억 원 정도입니다. 하나은행을 비롯한 국내 유수의 금융기관은 PF로 대출 이자 수익을 올리고 있었으므로 지분투자금에 연 25%의 이자를 받는 것으로 하고, 보통주 주주들은 지분대로 배당을 받는 구조에 합의하였습니다. 이는 금융기관과 화천대유 등 민간사업자들이 자율적으로 정한 것으로 성남시가 관여할 수 있는 부분이 아닙니다. 다시 말해 성남시가 민간사업자들 사이의 배당에 관여하는 것은 당사자 사이의 계약자유의 원칙을 위반하는, 행정재량권 남용으로 위법 소지가 큰 것입니다.

민간사업자들의 배당방법에 성남시가 개입했어야 한다는 주장은 대장동 사업을 민관공동개발방식으로 추진할 수밖에 없었던 사정을 외면하는 것이고, 성남시가 취할 수 있는 행정관청으로서의 법적 한계를 무시한 비현실적인 주장입니다.

Q34 이재명 후보가 직접 기자회견을 열어서 사업 이후 발생한 이익이 어떻든, 시가 관여한 바도 없고 관여해서도 안 된다고 하던데, 애초 분양시행권까지 얻은 건 혹시 특혜가 있었는지 사업 과정에서 살펴볼 수도 있었던 것 아닌가요?

A34 대장동 사업은 이재명 후보가 성남시장 시절 순수 민간개발을 공영개발로 전환해서 5,503억 원이라는 막대한 이익을 성남시로 환수한 사업입니다. 성남시는 당시 확정수익을 최우선 순위로 보장받은 겁니다. 역대 공영사업에서 이처럼 막대한 이익을 보장받은 사례가 없어요. 성남시가 5,503억 원을 보장받는

대신, 민간영역에서의 투자유치, 분양, 토목, 배당 등은 자기들이 알아서 할 일이죠. 민간사업자에게 특혜를 준 것이 아니라 특혜를 환수한 것이 핵심입니다.

박근혜 정부의 출자자 우선공급제도에 따라 성남도시개발공사와 화천대유는 각각 토지를 우선 공급받았고, 화천대유는 그 토지에 시행을 한 것뿐입니다. 민간사업자에게서 사업협약서 및 인가조건 등 위반이나 불법적인 사항이 확인되지 않는 한, 성남시와 성남도시개발공사는 350억 원 이상의 막대한 자금을 투입하고 (PF 대출금 7천억 원에 연대보증까지 한 경우에는 그 상환 의무도 포함하여) 모든 위험(리스크)을 부담한 민간사업자에게 개입할 명분이 약합니다.

다만, 이재명 당시 성남시장은 2017년경 대장지구 토지 가격이 크게 상승하자 민간사업자에게 인근의 터널공사 등을 추가로 요구해 관철시켰는데, 그 추정가액이 920억 원에 이릅니다. 그러나 이재명 시장이 2018년 3월 2일 경기도지사 출마를 위해 성남시장직을 사임한 이후에는 본인의 소관 업무가 아니라서 관여할 수 없었습니다.

Q35 대장동 특혜 의혹에 대해, 이재명 지사는 화천대유가 사업에 참여한 과정에 특혜는 없었다고 설명했습니다. 이재명 캠프 측의 입장은 어떤 겁니까?

A35 이재명 지사가 성남시장 당시 민간에 특혜를 준 것이 아

니라 오히려 민간의 수익을 환수해서 성남시민에게 돌려준 것이 핵심입니다. 그 금액이 무려 5,503억 원 상당입니다. 공영개발 역사상 이런 막대한 금액을 환수한 사례가 없는 것으로 알고 있습니다.

성남 대장동 사업은 전체 흐름에 대한 이해가 전제돼야 합니다. 일부분만 봐서는 안 되지요. 대장동 사업은 원래 LH가 공영개발로 진행하다 국민의힘 전신인 한나라당 신 모 국회의원 측이 로비와 압력을 넣어서 민간개발로 변경됐죠. 이재명 지사가 이후 기적적으로 성남시장에 당선된 후에 다시 공영개발로 바꾼 겁니다. 민간개발로 그냥 놔뒀으면 민간사업자가 개발이익을 100% 독식하게 되어 있어요.

이재명 당시 성남시장이 이걸 막은 거예요. 이재명 성남시장이 공영개발로 전환한 후 5,503억 원이라는 막대한 수익을 환수해서 성남시민에게 돌려드린 겁니다. 모범적인 공익사업이지요. 칭찬을 해도 모자랄 텐데, 그걸 문제 삼는 것은 어불성설입니다.

그리고 지금 언론의 보도를 보면, 화천대유에 관한 인물과 이익을 잔뜩 서술한 다음에 마치 이재명 후보가 관련이라도 있는 것처럼 연결하려고 시도하지만, 이는 전혀 사실이 아닙니다. 보도 내용을 자세히 보면, 이재명 후보가 조금이라도 연관된 내용이 전혀 없는데도 선정적인 제목을 달아서 적절하지 않은 보도를 하고 있습니다. 클릭 장사를 하고 있는 언론도 다수 있어요.

Q36 이 의혹을 제기한 김경율 회계사는 "화천대유는 성남의뜰 지분 3%만의 위험을 지고, 수익은 특정 개인 7명한테 간 것"이라고 설명했는데요. '위험은 공공이, 수익은 사유화'된 것이라는 겁니다. 이 지적에 대해선 어떻게 보십니까?

A36 성남시와 성남도시개발공사는 성남시의 수익 5,503억 원만 확보하면 되지, 민간영역에 대해서는 명확한 불법이 있다든지 그런 제보가 있다든지 하지 않는 한 원칙적으로 관여할 수가 없지요.

그리고 최근에 언론보도 이후 파악한 것인데, 화천대유의 성남의뜰 지분은 보통주 기준으로는 14.28%이고, 전체의결권 기준으로는 1% 정도 되는 것으로 확인됩니다. 민간의 배당이 문제되었으면, 내부적으로 고소 고발, 민사소송이 엄청나게 제기됐을 겁니다. 아직 그런 얘기는 없는 것 같아요.

그다음 '위험은 공공이, 수익은 사유화된 것'이라고 주장하고 있는데, 그것은 완전히 반대입니다. 성남시는 성남의뜰에 출자한 자본금 25억 원 이외에는 지출한 것이 없어요. 그 출자금도 청산 시에 돌려받습니다. 그럼 성남시와 성남도시개발공사, 즉 공공은 위험이 전혀 없어요.

반면 민간사업자는 모든 위험을 부담하는 구조입니다. 성남의뜰이 2015년 2월 사업자 공모에서 우선협상대상자로 선정된 후, 화천대유는 금융기관의 PF 대출금 7,000억 원이 결정된 2016년 12월 28일까지 약 350억 원을 투입했다고 합니다. 화천대유와 그 대표가 PF 대출금 7,000억 원에 대한 연대보증을 섰을 경우에는 그에 대한 상환을 부담해야 합니다. 개발사업이 잘 안 되면, 본인도 망해서 신용불량자가 되고, 가정도 망가지게 됩니다. 대장동 사업은 최근 부동산 가격 폭등으로 수익이 대폭 올라간 것이지, 공모 당시인 2015년에는 부동산 경기가 지금처럼 좋지 않았어요.

따라서 '위험은 공공이, 수익은 사유화'된 것이라는 주장은 완전히 잘못된 것으로, 오히려 '위험은 민간이, 수익은 공공 우선'이 실질에 맞는 것입니다.

Q37 민간사업자로부터 기부채납을 받아도 그 정도는 받을 수 있다고 하던데, 이재명 후보가 너무 과장하는 것은 아닌가요?

A37 민간사업자가 허가권자로부터 인허가를 받을 때, 시설 등을 기부채납하는 경우가 많이 있습니다. 그것은 단지 주변 도로 신설 또는 확장용으로 부지를 제공하거나 지하철 연결 통로, 아파트 연결 다리 등 주민 편의시설을 일반 공용으로 설치하는 등이 대부분입니다.

주택법 제17조는 기반시설의 기부채납을, 도시 및 주거환경정비법 제51조는 기반시설의 기부채납 기준을 규정하고 있습니다. 이에 따라 제정된 국토교통부 고시 '주택건설사업 기반시설 기부채납 운영기준'은 주택건설사업 관련 기반시설 기부채납 부담기준에 관하여 "주택건설사업의 사업계획을 수립할 경우 기반시설 기부채납 부담 수준은 해당 사업부지 면적의 8% 범위 내로 한다"라고 규정하고 있습니다.

이재명 당시 성남시장은 국토교통부 고시 기준을 훨씬 상회하는 무려 5,503억 원 상당을 성남시로 환수했기 때문에, 기부채납 규정과는 비교조차 할 수 없습니다. 화천대유 이성문 대표는 이재명 후보의 재판에 증인으로 나와서 "이건 공산당식"이라고 비난한 바 있습니다.

그래서 이재명 당시 성남시장은 민간사업자가 나중에 성남시나 성남도시개발공사를 상대로 과도한 금액을 환수했다는 이유로 그중 일부를 돌려달라는 소송을 제기할 것을 우려하여, 그것을 못하도록 민간사업자로부터 부제소확약서까지 받아서 안정장치를 이중 삼중으로 마련했습니다. 이재명 당시 성남시장이 변호사 출신이라서 가능했던 일입니다.

【화천대유의 실소유자는 누구인가】

Q38 야당이 계속 묻고 있으니 단도직입적으로 여쭐게요. 화천대유 누구 겁니까?

A38 화천대유는 그 회사의 주주명부에 나와 있는 분들의 소유이지요. 화천대유는 이제 언론인 출신 김 모 씨가 대주주인 것이 밝혀졌습니다. 이재명 지사는 화천대유의 대주주로 알려진

김 모 대표와 친분이 전혀 없습니다. 분명히 말씀드리지만, 화천대유는 이재명 지사와 전혀 관련이 없습니다.

화천대유 이성문 대표는 9월 19일 언론보도에서 "이재명 후보와는 모르는 사이이고, 법정에서 (증인으로 나가서) 딱 한 번 봤다"라고 분명히 말했습니다.

국민의힘 곽상도 전 국회의원 아들이 최근 7년간 화천대유 핵심부서인 도시개발팀에서 근무했다고 곽 의원 스스로 인정했어요. 그러면 국민의힘은 이미 화천대유가 이재명 지사와 전혀 관련이 없다는 걸 알고 있다고 봐야죠.

KBS는 지난 9월 17일 성남 대장지구 관련 화천대유와 천화동인의 주주명부와 주식보유내역을 확보해서, 민간개발업체 화천대유와 천화동인 3호까지는 화천대유의 대주주 김 모 씨와 그 가족들이, 천화동인 4호부터 6호까지는 개발업체 측이 주주로 절반씩 공동투자한 것으로 확인해주었습니다. 그리고 화천대유 대주주와 천화동인 주주들은 KBS에 민주당 이재명 대선 경선후보와 무관하며, 어디에도 금품을 제공한 적이 없다고 분명히 밝혔습니다.

이것이야말로 국민의힘 국회의원이나 일부 언론의 "화천대유 누구 겁니까?"라는 질문에 더 이상 의문의 여지없는 확실한 답변이 되었을 것입니다.

Q39 막대한 배당금을 받은 투자자 7명도 누군지 명단을 밝히라

고 하는데요?

A39 대장동 개발사업에서 민간영역의 투자자나 주주는 잘 알지 못하고 정보도 없었습니다. 성남시는 5,503억 원을 우선적으로 확실하게 보장받으면 되는 것입니다.

KBS는 지난 9월 17일 화천대유와 천화동인의 주주를 모두 밝혔습니다. 화천대유의 대주주는 언론인 출신 김 모 씨이고, 민간투자자는 SK증권을 통해 지분 참여한 천화동인 1호부터 7호까지 모두 7명이라고 밝혔습니다.

천화동인 1호 주주는 화천동인 대주주인 김 모 씨이고, 2호와 3호는 김 씨 부인과 누나로 각각 확인됐습니다. 4호는 공영개발로 전환되기 전에 개발을 진행하던 회사 대표 남 모 변호사이고, 5호는 같은 회사 회계사 A씨이고, 6호는 같은 회사 변호사 조 모씨입니다. 7호는 김 모 씨와 같은 언론사에서 근무했던 동료 배모 씨로 확인됐습니다.

이제 화천대유와 천화동인이 이재명 후보와 어떠한 관련도 없다는 사실이 명명백백하게 밝혀진 이상, 더 이상의 마타도어나흑색선전, 허위사실 유포는 중단해야 할 것입니다.

Q40 성남의뜰 지분을 보유한 SK증권이 개인 투자자 7명으로 구성된 '특정금전신탁'인 것으로 확인되었는데, 실제 소유자는 SK증권이 아니라 투자자 7명인가요?

A40 특정금전신탁은 불법이 아닙니다. 특정금전신탁은 고객

이 직접 자산운용 방법을 지정하는 신탁상품으로서 모든 금융기관이 취급하는 합법적인 상품입니다. 언론이 마치 특정금전신탁이 문제가 있는 것처럼 보도하고 있지만, 전혀 그렇지 않습니다.

앞에서 살펴보았듯이, 성남의뜰의 SK증권 보통주 지분은 '특정금전신탁'을 통해 투자한 개인 7명의 소유로 보이고, 그 7명은 천화동인 1호부터 7호의 각 소유자인 것으로 보입니다.

Q41 국민의힘 김기현 원내대표는 '화천대유는 누구 것이냐'며 공세를 이어갔습니다. 여기에 대해 이 지사 측은 오히려 "국민의힘 곽상도 의원이 해명하라"며 역공에 나섰는데요?

A41 이제 KBS 보도와 한국일보 인터뷰 등을 통해, 화천대유의 실 소유자가 누구인지 분명히 밝혀졌습니다.

이재명 캠프는 9월 19일 서울중앙지검에 성남시 대장동 개발사업에 관하여 허위사실을 유포한 국민의힘 김기현 원내대표, 윤창현 의원, 장기표 전 경선 예비후보를 공직선거법 제250조 제2항의 낙선 목적 허위사실공표죄, 정보통신망 이용촉진 및 정보보호 등에 관한 법률 제70조 제2항의 허위사실 적시 명예훼손죄의 혐의로 고발했습니다.

이재명 후보는 9월 19일 "1원이라도 부당이익을 취했다면 대선후보와 공직을 다 사퇴하겠다"고 밝혔습니다. 국민의힘 등 야당은 이와 관련한 정치공세를 즉시 중단해야 합니다.

【허위사실로 밝혀진 것과 진실로 입증된 것】

Q42 지금까지 국민의힘 측의 주장이나 언론보도에서 허위사실로 밝혀진 것은 어떤 것이 있나요?

A42 야당인 국민의힘 국회의원 등과 언론이 이재명 후보와 관련하여 주장한 4가지가 모두 거짓으로 밝혀졌습니다.

▲ 국민의힘 장기표 예비후보가 9월 12일 기자회견에서 "이재명 지사의 아들이 '대장동 개발사업' 화천대유 계열사에 직원으로 근무하고 있다"고 주장했고

▲ "만약 이 지사가 대장동 개발을 추진하며 수의계약으로 신생업체에 사업을 몰아주었다면"이라고 말했습니다. 그러자 일부 언론이 아무런 검증 없이 그대로 받아서 보도했습니다. 그러나 모두 허위주장과 허위보도였습니다.

▲ 일부 언론은 9월 13일 '이재명 캠프 정책본부장인 이한주 전 경기연구원장의 친형제가 화천대유 계열사 임원이다'라고 보도했습니다. 그러나 이 또한 허위보도였습니다. 이한주 원장에게 남자 형제는 없고, 누나와 여동생만 있는데, 누나는 아르헨티나 등에서 거주하고 있고, 여동생은 강원도 춘천시에 사는 주부로 확인되었습니다.

▲ 또 국민의힘 김기현 원내대표가 9월 16일 "대장동 공영개발 기획자인 유동규 전 경기관광공사 사장이 이재명 캠프에서 활동

중이다"라고 주장하자, 언론이 또 그대로 받아썼습니다. 그러나 이 또한 허위보도로 밝혀졌습니다.

이렇듯 야당인 국민의힘 국회의원이나 언론의 허무맹랑한 주장과 보도는 모두 거짓으로 판명되었습니다.

Q43 지금까지 국민의힘 측의 주장이나 언론보도에서 진실로 입증된 것은 어떤 것이 있나요?

A43 국민의힘 국회의원 등과 관련하여 중대한 사실 3가지가 입증되었습니다.

▲ 대장동 사업은 2005년에 이미 LH의 공영개발로 확정돼 추진되고 있었습니다. 그런데 국민의힘 전신 한나라당 신영수 전 국회의원이 이명박 대통령을 등에 업고 국정감사 등을 통해 LH에 압력을 넣었고, LH는 결국 2010년 6월 공영개발을 포기하고 민간개발로 변경했습니다. 신영수 전 의원의 동생과 관련자들은 뇌물죄 등으로 구속되어 처벌을 받았습니다.

이재명 지사는 2010년 6월 지방선거에서 성남시장으로 당선된 지 겨우 넉 달 만에 다시 공영개발로 바꿨습니다. 이재명 지사가 당시 성남시장으로서 민간개발로 그대로 놔두었다면, 한나라당 신영수 전 의원 동생과 그 일당이 막대한 개발이익을 100% 독식했을 것이 명백합니다. 그랬다면, 이재명 당시 성남시장이 공영개발로 환수한 5,503억 원 상당액도 민간업자의 먹이가 되었을 것입니다.

▲ 국민의힘 소속 곽상도 전 국회의원의 아들이 2015년부터 최근까지 7년간 화천대유 핵심부서인 도시개발실에 근무했다는 사실은 곽 의원이 스스로 인정했습니다. 무려 7년을 근무했습니다. 화천대유 회사 관련 사항을 다 알 수 있는 위치에 있습니다. 이재명 지사가 대장동 개발사업과 단 한 톨이라도 관련이 있었다면, 지금까지 온전할 수가 절대 없습니다.

▲ 국민의힘 등 소속으로 5선을 지낸 원유철 전 국회의원은 화천대유 법률고문을 지냈습니다.

신영수 전 국회의원, 곽상도 전 국회의원, 원유철 전 국회의원이 등장하고, 모두 국민의힘 또는 그 전신과의 관련성이 이제 명백해졌습니다.

이재명 후보는 이처럼 국민의힘 관련 인사가 대장동 공영개발 사업에 옷만 갈아입고 깊숙하게 들어와 있는 줄은 꿈에도 몰랐습니다.

Q44 일부 언론은 허위사실로 밝혀진 이후에도, '대장동 개발 수익금, 주민에게 반환하라'는 사진설명에 '이재명 지사의 아들이 계열사에 취직해 있었다'라는 기사를 냈는데, 견해는?

A44 조선일보는 9월 17일 '이재명 지사의 아들이 대장동 사업

관련 계열사에 취직해 있었다'고 보도했습니다. 5일 전에 이미 허위보도로 밝혀졌는데도, 악의적 허위보도를 했습니다. 조선일보는 이후 허위보도를 정정하고 이재명 후보에 대한 사과문을 게재했습니다.

【화천대유가 막대한 수익을 얻은 이유】

Q45 일각에선 이 지사가 성남시장 시절 추진했던 성남 분당의 대장동 개발사업으로 특정 민간업체가 수백억 원대의 이득을 챙겼다고 하면서 초기 자본금 5,000만 원(3억 1,000만 원으로 증액)에 불과한 신생업체가 어떻게 이 사업에 참여해 500억 원 넘는 배당금을 받아갔는지 의문을 제기하기도 했는데요?

A45 이재명 당시 성남시장은 경기도지사 출마를 위해 2018년 3월 2일 사임했어요. 배당은 그 후임 시장 때 진행된 일이며, 이재명 후보도 언론보도를 보고 안 것일 뿐이고 자세한 내용을 알 수도 없어요. 마치 이재명 후보가 성남시장 재임 시절 민간사업자가 배당받은 것처럼 얘기하면서 뭔가 부당한 특혜나 연결이 있는 것처럼 보도하는 것은 분명 잘못된 것입니다.

원래 부동산 개발사업은 특정 사업만을 수행하기 위해서 특수목적법인을 신설합니다. 신생업체가 배당금을 받았다고 문제제기하는 것 자체가 잘못된 것입니다.

그리고 성남시가 우선적 확정수익 5,503억 원을 먼저 확보한 후에 민간사업자가 수익을 가져가도록 이재명 당시 성남시장이 설계한 겁니다. 최근 부동산 가격이 유례없이 폭등해서 민간사업자의 수익이 크게 늘어난 것이고, 그건 결과론적인 것입니다. 반대로 부동산 경기가 안 좋아졌다면 민간사업자는 쪽박을 차고 투자금도 못 건졌을 수도 있어요. 잘 아시다시피, 부동산 경기가 좋아질지 악화될지는 전문가들조차 예측하기 어렵습니다.

Q46 화천대유가 자본금이 5,000만 원밖에 안 되는데, 1,000배가 넘는 577억 원을 배당받은 것이 정상적인가요?

A46 이 또한 투자금과 자본금을 구별하지 못해서 생기는 오해입니다. 부동산 개발사업에 투입되는 투자금은 자본금과는 비교할 수 없이 큰 엄청난 금액입니다. 5,000만 원은 화천대유의 설립 자본금임과 동시에 화천대유가 성남의뜰에 주주로서 출자한 자본금입니다.

화천대유 이성문 대표는 9월 19일 언론 인터뷰에서 "자본금이 5,000만 원일 뿐이고, 화천대유가 2015년 5월부터 2016년 12월까지 금융기관 프로젝트 파이낸싱(PF) 7,000억 원이 성사될 때까지 순차적으로 투입한 자금만 약 350억 원이다"라고 분명히 밝혔기 때문에, 자본금 5,000만 원밖에 안 들어간 것처럼 말하는 것은 잘못된 것입니다.

언론보도를 기준으로 하면, 350억 원을 투자해서 577억 원을 배당으로 가져한 경우, 언론의 수익률 계산은 처음부터 틀린 것이 됩니다. 따라서 단순히 자본금만을 기준으로 1,000배의 수익이다 뭐다라는 선정적인 보도를 하는 것은 부동산 개발의 ABC를 모르는 것입니다.

성남도시개발공사는 대장동 개발사업에서 성남의뜰에 출자한 자본금 25억 원을 사업기간 종료 시에 전액 돌려받도록 했기 때문에, 위험부담이 전혀 없이 5,503억 원을 1순위로 확보하였습니다. 2015년 당시는 부동산 경기가 지금처럼 좋지 않았고 거의 모두가 부동산 가격이 폭락한다고 봤기 때문에, 성남시는 선순위로 보장받는 방법을 선택한 것입니다.

Q47 그러면 부동산 개발업계에서는 수익률을 어떻게 계산하나요?

A47 부동산 개발 수익률은 요즘 언론에서 보도하는 것과는 완전히 다릅니다. '수익률=(매출합계-지출합계)÷매출합계' 공식으로 계산합니다. 매출합계에는 아파트 등 공동주택 및 상가 등 분양가가 포함되고, 지출합계에는 토지비, 건축비, 판매비, 부대관리비, 금융비 등이 포함됩니다.

예를 들어 특정 사업의 매출합계가 2,000억 원이고, 지출합계가 1,800억 원이면, (2,000억 원-1,800억 원)÷2,000억 원=10%이고, 수익률은 10%가 되는 것입니다.

따라서 요즘 언론에서 보도하는 수익률 계산은 부동산 개발실무의 ABC도 모르고 국민의 관심을 끌기 위한 것에 불과합니다.

Q48 최근 입주가 시작되자 정치권과 부동산 업계에서는 "소수가 수천억대 이익을 챙겼다", "이익의 공공환수 취지가 퇴색했다"는 비판이 제기됐는데요. 이런 사례가 흔한 건 아니지 않습니까. 민간업체의 막대한 수익률에 대해선, 김부겸 국무총리도 "상식적이진 않다"라고 말하기도 했고요.

A48 이재명 당시 성남시장이 민간사업자가 100% 독식하려던 대장동 사업을 공영개발로 바꿔서, 성남시에 5,503억 원을 환수한 것이 핵심입니다. 숲을 봐야지 나무만 보면 안 되는 거지요. 가만 놔뒀으면 민간사업자가 5,503억 원까지도 챙겨갔겠지요. 이재명 지사니까 그래도 엄청난 회유와 압력을 물리치고 성남시민에게 그만큼의 수익을 돌려드린 것으로 봐야 합니다.

민간사업자는 부동산 가격 폭등으로 운이 좋았습니다. 결과적으로 큰 이익을 본 것은 맞지요. 그런데 부동산 경기가 침체되었을 경우에는 본전도 못 찾는 겁니다. 그래서 민간사업자가 운이 좋았다고 말하는 겁니다.

물론 결과론적으로 보더라도 수익이 큰 것은 사실입니다. 이에 대해 화천대유 이성문 대표도 "국민정서상 납득하기 힘들다는 건 어느 정도 수긍한다. 그러나 우리도 이번 사업을 하며 성남시 요구에 따라 당초 사업계획에 없던 920억 원 상당을 기부채납 명목으로 지출했다"고 말했습니다.

이성문 대표의 말에 전적으로 수긍할 수는 없지만, 화천대유가 앞으로 예측할 수 없는 엄청난 수익을 거둔 사정과 국민정서를 감안하여 사회기여 또는 공공기여를 추가적으로 통 크게 하기를 바랍니다.

【법조계 관련 인사 문제】

Q49 권순일 전 대법관이 이재명 지사의 대법원 공직선거법 위반 사건에서 무죄의견을 낸 후, 대법관 퇴직 후에 화천대유 고문변호사를 한 것은 우연인가요?

A49 말도 안 되는 이야기이지요. 권순일 대법관은 박근혜 정부 때인 2014년 9월에 임명됐어요. 이재명 후보와 가까울 수가 없습니다. 오로지 법관의 양심에 따라 무죄의견을 낸 것이지요. 그리고 이재명 후보가 사기업의 고문변호사 활동에 대해 알 수가 없지요. 아무 관계도 없는데 뭔가가 있는 것처럼 연결시키는 것 자체가 악의적이고, 그런 느낌을 주는 기사를 작성하는 것 자체가 흑색선전이고 마타도어입니다. 일자 순으로 나열해놓고 마치 무슨 관련이 있는 것처럼 냄새를 풍기는 것은 언론의 정도가 아닙니다.

이재명 지사는 2018년 3월 2일 성남시장직에서 물러났기 때문에 성남시 대장동 사업은 더 이상 소관업무가 아닙니다.

화천대유 이성문 대표는 9월 20일 언론 인터뷰에서 "권순일 전 대법관은 화천대유 대주주 김 모 씨가 법조기자로 출입할 때

생긴 인연으로 대장지구 북측 송전탑 지하화 문제를 해결하기 위해 안목 있는 대법관 출신을 영입하기로 하면서 모신 것이다" 라고 말하면서 일부 언론의 추측을 일축했습니다.

Q50 박영수 전 특별검사 등이 화천대유의 법률고문 등으로 활동한 것에 대한 의견은?

A50 마찬가지입니다. 이재명 후보가 사기업의 고문변호사 활동을 어찌 알겠습니까. 그리고 이재명 후보는 경기도지사 출마를 위해 2018년 3월 2일 성남시장직에서 물러났기 때문에 성남시 대장동 사업은 더 이상 소관업무가 아니었습니다.

화천대유 이성문 대표는 9월 20일 언론 인터뷰에서 "박영수 전 특별검사 등도 법조기자로 오랫동안 활동했던 화천대유 대주주 김 씨와의 인연 때문이다"라고 말했습니다.

【대장동 게이트가 아닌 국힘 게이트】

Q51 일각에서 대장동 개발은 '야당 게이트' 또는 '국힘 게이트'라고 주장하고 있는데, 캠프의 견해는 어떤가요?

A51 이번 대장동 관련 허위주장과 허위보도를 걷어내면, 국민의힘과의 연결 고리가 점점 선명하게 드러나고 있습니다. 당초 주장하거나 보도하던 이재명 후보와의 연결고리는 단 하나도

없음이 확인되고 있습니다.

대장동 관련 허위보도 및 허위사실공표 일지

▲ 9월 12일. 국민의힘 장기표 전 예비후보, 이재명 후보 아들이 화천대유 계열사에 직원으로 근무한다고 기자회견하여 허위사실유포, 조선일보 등 허위보도

▲ 9월 13일. 이한주 전 경기연구원장 친형제가 화천대유 사내이사 이 모 씨라는 허위보도

▲ 9월 15일. 유동규 전 경기관광공사 사장이 이재명 캠프 정책본부장으로 활동 중이라는 허위보도

▲ 9월 16일. 국민의힘 김기현 원내대표, 유동규 전 경기관광공사 사장이 이재명 캠프에서 활동 중이라고 허위 발언

▲ 9월 17일. 조선일보, 이재명 지사의 아들이 대장동 사업 관련 계열사에 취직해 있었다고 허위보도 후 기사정정과 이 지사에 대한 사과문 게재

오히려 국민의힘 전신 한나라당 신영수 전 의원 동생과 관련된 민간개발업자들, 국민의힘 곽상도 전 의원 아들, 국민의힘 등에서 5선을 지낸 원유철 전 의원이 각각 투자자이고 직원이었고 고문이었다는 것은 사실로 확인되었습니다.

성남도시개발공사 설립 등 대장동 공영개발 추진과정에서 성남시의회 소속 한나라당 의원들이 왜 그렇게 극렬하게 반대하고

사사건건 발목을 잡았는지 퍼즐이 맞춰집니다. 캐면 캘수록 '국힘 게이트'의 근거가 줄줄이 딸려 올라오고 있습니다.

화천대유의 실질을 파보니 이재명이 아닌 국힘이 나왔습니다. 대장동 사건은 국민의힘 부패세력과 토건세력이 이재명 후보에게 일격을 당하며 부동산개발사업권을 빼앗겼다가, 금융기관의 외피를 쓰고 다시 나타난 '국힘 게이트'입니다.

Q52 대장동 사건을 '국힘 게이트'라고 하는데, 증거가 있는가요?

A52 대장동의 개발 역사를 보면, 이명박 대통령과 한나라당(국민의힘 전신) 신영수 전 의원이 등장하여 LH의 공영개발을 포기하게 하고, 민영개발로 전환하는 과정이 나옵니다. 이 과정에서 신영수 전 의원의 동생은 뇌물을 받고, 화천대유와 함께 들어온 주주 중 한 사람은 당시 신영수 의원 동생에게 뇌물을 줘서 구속이 된 바 있습니다.

화천대유의 설립 초기부터 최근까지 7여 년 동안 국민의힘 곽상도 의원의 아들이 근무했으며, 원유철 의원도 화천대유 고문으로 재직하였다고 합니다. 대장동은 오래전부터 민간개발을 노린 토건비리세력의 온상이었고, 그 과거와 현재가 모두 국민의힘에 닿아 있습니다.

국민의힘 전현직 의원들 몇몇이 대장동에 토지를 소유하고 있다고 합니다. 국민의힘 손가락은 이재명 후보를 향하고 있지만, 점점 파면 팔수록 국민의힘 전현직 의원들이 줄줄이 나오고 있습니다. 그래서 '국힘 게이트'인 것입니다.

Q53 현재 대장동 개발사업 관련해서 캠프의 종합적인 입장은 무엇인가요?

A53 한마디로 터무니없는 주장이라는 것입니다. 이재명 지사가 단 한 가지라도 비위에 관련되어 있는 내용이 없어요. 선정적인 제목을 달고, 그 내용을 읽어보면 아무것도 없어요. 자꾸 뭔가 있지 않을까 하는 느낌을 주려는 의도가 보입니다. 흑색선전과 마타도어이지요.

처음에는 국민의힘 장기표 예비후보와 유력 언론이 '이재명 지사의 아들이 화천대유에 근무한다'고 주장한 것에서 시작되었는데, 이어서 이한주 경기연구원장 친형제가 화천대유 계열사 임원으로 근무한다고 주장했어요. 유동규 전 경기관광공사 사장이 이재명 캠프에서 활동 중이라는 주장도 나왔습니다. 모두 사실이 아닌 것으로 밝혀졌죠.

그러니까 이제는 화천대유가 특혜를 받은 것 아니냐고 하고 있습니다. 특혜를 준 것이 아니라 민간개발을 공영개발로 바꿔서 민간의 특혜를 환수해 성남시민에게 돌려준 것이 대장동 사업의 핵심입니다. 방화범을 잡아서 불끈 소방관을 비난할 수는 없는 것입니다.

화천대유 이성문 대표는 9월 19일 언론 보도에서 "이재명 후보와는 모르는 사이이고, 법정에서 (증인으로 나가서) 딱 한 번 봤다"고 분명히 말했습니다.

이재명 지사가 대장동 건과 단 하나의 연결고리도 없는 반면, 국민의힘은 시간이 갈수록 점점 연결고리가 많아지고 있습니다. 정치적 이해득실이 아니라 진실을 제대로 보아야 합니다.

【향후 조사와 수사에 대한 입장】

Q54 이재명 지사는 의혹과 관련해서 떳떳한 입장이고, 언제든지 수사에도 적극 응할 생각입니까?

A54 이미 이재명 지사가 성남시장 재직 시에 대장동 개발 등과 관련해서 수사와 재판에서 문제가 없다고 확인됐어요. 검찰과 경찰이 여러 차례 내사를 했는데, 아무 문제가 없었습니다. 의혹은 전혀 근거가 없습니다.

예를 들어, 검찰은 윤석열 당시 검찰총장의 특명까지 받아서 이재명 후보의 비리를 탈탈 털었다고 하면서 공직선거법위반 등의 혐의로 기소했습니다. 그중에는 대장동 사업 관련 부분도 있는데, 여기서 재미있는 부분이 있습니다. 즉, 대장동 사업을 모두 들여다본 검찰이 마침내 그와 관련하여 기소한 내용은 '대장동 사업 수익이 아직 실현되지 않았는데, 이재명 후보가 마치 실현된 것처럼 과거형으로 말하였으므로 이는 허위사실을 공표한 것이다'라는 것이었습니다. 만일 현재 대장동 사업에 국민의힘이

나 일부 언론이 제기하는 비리나 특혜가 있었다면, 당시 검찰이 이처럼 어찌 보면 어이없는 혐의로 기소하지는 않았을 것입니다. 이재명 후보는 물론 법원에서 무죄를 선고받았습니다.

이재명 후보의 말처럼 만일 특혜나 비리가 있었다면 이미 윤석열 검찰총장에게 가루가 되었겠지요. 이재명 후보는 수사에 100% 동의한다고 말했습니다.

한편, 성남도시개발공사 관계자 A씨는 대장동 개발사업의 추진과정을 소상히 알 수 있는 위치에 있는 인물인데 9월 22일 언론 인터뷰 보도에서 "감사원에서 1~2년에 한 번씩 관련자료를 제출받아 살펴봤다. 또 이재명 경기지사 선거법위반 혐의 수사 과정에서 경찰과 검찰이 대장동 사업 내용을 자세히 들여다봤다. 문제가 있었으면 그때 벌써 터졌을 것이다"라고 말했습니다.

Q55 국민의힘에서 진상조사 TF 꾸렸고 공수처 수사까지 거론합니다. 어떤 조사든 수사든 수용할 의사인가요?

A55 이재명 후보는 수사에 대해 100% 동의했어요. 사실 이재명 후보는 검찰과 경찰의 내사도 여러 번 받은 것으로 알고 있어요. 아무런 문제가 없었죠.

그리고 5,503억 원 환수와 관련해서 "환수했다"는 과거형을 썼다고 해서 공직선거법상 허위사실공표죄로 기소되었지만 무죄를 선고받았죠. 기가 막힌 일이지요. 그 사건에서 검찰은 대장동 사업을 다 들여다봤다고 봅니다. 수사든 조사든, 모두 100% 환영합니다.

【대장동 개발사업의 정책적 의미】

Q56 대장동 개발사업은 다른 지자체가 벤치마킹을 할 정도로 화제였다고 하는데, 사실인가요?

A56 대장동 사업이 유명해지면서 경기도 관내 여러 지자체와 도시개발공사들이 성남시나 성남도시개발공사를 방문하여 노하우를 알려달라고 수도 없이 요청하였습니다. 심지어 중국의 영성시까지 벤치마킹을 하러 왔습니다.

성남도시개발공사 자료에 의하면, 2016년 1월부터 2018년 2월까지 2년이라는 짧은 기간임에도 불구하고 다른 지차제로부터 총 16회의 벤치마킹 실적을 보여주고 있습니다.

Q57 대장동 개발사업이 지자체 내 지역균형발전의 모범사례라고 하는데, 그런가요?

A57 성남시가 2014년에 대장동과 제1공단 결합도시개발구역을 지정할 때, 계획적이고 체계적인 개발로 지역주민의 숙원사업을 해소하고 성남시 내 지역균형발전을 도모하는 것으로 그 목적을 설정하였습니다. 이를 보면 대장동 사업은 시작 시점부터 지역균형발전을 사업목적으로 했으며, 결과적으로도 낙후된

본시가지 제1공단 공원조성이라는 성과를 통해 그 같은 목표를 달성했다고 볼 수 있습니다.

중간에 결합도시개발구역을 해제하는 우여곡절을 겪었지만 사업시행자인 성남의뜰의 개발이익을 환수하여 제1공단 공원을 도시계획시설사업으로 잘 추진하여 완공을 가까이 두고 있습니다. 대장동 사업지와 제1공단은 10km나 떨어져 있음에도 불구하고 결합개발방식을 사용해서 공원을 설치했는데, 이는 도시개발법에 따른 도시개발사업의 최초라고 할 수 있습니다. 그 누구도 시도하지 않았던 획기적인 개발사업인 것이죠.

통상적으로는 사업지와 그 사업지 내 또는 그 주변에 기반시설을 설치하는 것이 관행인데, 대장동 사업의 경우 사업지 주변은 더 좋아지겠지만 이로 인해 구시가지와의 지역격차가 더 커진다는 점에서 문제가 되어왔습니다. 이재명 후보는 대장동 사업에서 기존의 관행을 과감하게 극복하는 창의행정을 선보였고 이를 통해 구시가지 최대 민원사업인 1공단 공원조성 문제를 해결했다는 점에서 높이 평가될 수 있습니다.

이재명 후보는 경기도지사에 취임한 후에도 경기 남부와 북부의 균형발전을 위해 꾸준히 노력해 왔는데, 그동안 국토교통부와 수차례 업무 협의를 거쳐 2021년 2월 드디어 '산업입지의 개발에 관한 통합지침' 개정을 이끌어내고, 균형개발 확대를 통한 경기 북부지역 산업단지 인프라 확충을 목표로 전국 최초로 산업단지 결합개발 방식을 도입하였습니다.

이재명 후보는 경기도지사로서 이에 앞서 2019년 12월 평택시, 파주시, 경기도시공사와 함께 '경기도형 지역균형개발 산업단지'로 최종 선정한 바 있는데, 2021년 내에 산업단지 결합개발 방식으로 경기 북부 손실산단인 파주법원1산단과 경기 남부 이익산단인 평택진위산단을 착공할 예정입니다.

Q58 대장동은 민간의 개발이익을 공익으로 환수한 모범 사례라고 하는데, 그런가요?

A58 대장동 사업은 민간사업자에게 전액 귀속될 수 있었던 개발이익을 성남시가 공영개발을 추진하여 5,503억 원에 달하는 막대한 개발이익을 환수했다는 점에서 모범사례라고 할 수 있습니다.

환수한 개발이익 5,503억 원은 성남시의 2021년 한 해 세입예산 3조 5천억 원의 16%에 달할 정도로 매우 큰 규모입니다. PFV를 자본금으로 25억 원을 투입하였지만 청산 시점에서 전액 돌려받는다는 점에서 성남시는 사업비 투입 없이 5,503억 원의 개발이익을 환수했습니다. 개발이익의 안정적 환수를 위해 성남시가 취한 방법도 높이 평가받을 수 있습니다.

특히 환수금액은 PFV 성남의뜰 출범 전에 사업협약으로 대부분 확정하고 이후 변경된 부분도 확약서 등을 통해 보완했다는 점입니다. 사전이익 확정방식은 사업 위험을 최소화하고, 배당정산 과정에서 있을 수 있는 출자자들과의 갈등을 피할 수 있었다는 점에서 높이 평가될 수 있습니다.

이재명의 외로운 전쟁

초판 1쇄 발행일 2023년 12월 5일
　　 2쇄 발행일 2023년 12월 22일

지은이　　민병선
펴낸이　　김현관
책임편집　김미성
디자인　　북디자인 경놈
종이　　　세종페이퍼
인쇄 및 제본　올인피앤비
펴낸곳　　민들레북
　　　　　　주소 서울시 양천구 목동중앙서로7길 16-12 102호
　　　　　　전화 (02) 2655-0166/0167
　　　　　　팩스 (02) 6499-0230
　　　　　　등록 2023년 4월 19일 제2023-000015호

· 책값은 뒤표지에 있습니다.

민들레북은 인터넷 언론사 **시민언론 민들레**의 출판브랜드입니다.
시민언론 민들레에 게재된 기사 및 칼럼 등의 콘텐츠를 바탕으로 시의에 따라
필요한 내용을 편집하여 단행본으로 출간합니다.